Vegan in *Wien*

Stadtbekannt Medien GmbH (Hg.) Vegan in Wien
www.stadtbekannt.at

Fotos & Layout Stadtbekannt Medien GmbH
Grafische Umsetzung KoCo, www.koco.at
Druck Wograndl, Mattersburg

Verlag Holzbaum, Wien
www.holzbaumverlag.at

2. Auflage 2015
ISBN 978-3-9503508-7-6

VORWORT

Wien hat sich zu einer Metropole des veganen Lebensstils entwickelt. Eine beinahe unüberschaubare Vielzahl an Möglichkeiten, vegan zu essen, trinken, kochen oder einfach nur einzukaufen macht die Orientierung mitunter ziemlich schwer.

Der Stadtbekannt-Guide »Vegan in Wien« schafft Abhilfe und präsentiert die wichtigsten Hotspots rund um das vegane Leben in der Großstadt. Egal ob Geschäfte, Lokale, Nahrungsmittel, Kosmetika oder Modeaccessoires: Hier gibt es wertvolle Tipps, wo man das Beste, Günstigste und Passendste für sich findet.

INHALT

WARUM VEGAN?

Sich für ein veganes Leben zu entscheiden, ist ein Bekenntnis zu einer Lebensart, in der kein Lebewesen leiden muss und eine nachhaltige Ernährungsweise gefunden wird. Vegan zu leben bedeutet nicht, auf Genuss zu verzichten, sondern sich für ein gesundes Leben, eine friedliche Welt und eine intakte Umwelt entschieden zu haben. Aber was sind die wichtigsten Beweggründe für ein veganes Leben?

ETHIK UND RELIGION

Wer vegan lebt, tut dies oft aus der Überzeugung heraus, dass jedes Lebewesen mit Rechten ausgestattet ist. Bei veganer Ernährung und Lebensführung vermeidet man bestmöglich jede Form von Tierleid und strebt so ein friedliches Miteinander aller Lebewesen an.

Die Überzeugung, dass kein anderes Lebewesen durch die Hand des Menschen leiden soll, hat moralische, ethische oder auch religiöse Gründe. Viele Gläubige, insbesondere Hinduisten und Buddhisten, verzichten zum Teil oder ganz auf tierische Produkte, weil unnötiges Leid zu verhindern ist.

GESUNDHEIT

Oft wird vorgebracht, Veganer leben ungesund. Doch wer es richtig angeht und auf eine ausgewogene pflanzliche Ernährung achtet, tut seinem Körper langfristig etwas Gutes. So kann mit veganer, vitamin- und ballaststoffreicher Kost häufigen Zivilisationskrankheiten wie Diabetes oder Fettleibigkeit vorgebeugt werden. Auch sportlich aktive Menschen können sich mit entsprechender Sorgfalt problemlos vegan ernähren.

Vor Augen halten sollte man sich jedoch, dass vegan nicht automatisch gesund bedeutet. Über gespritztes, industriell bearbeitetes Gemüse isst man oft auch Schadstoffe mit. Abhilfe schaffen hier biologische Lebensmittel. Diese sind nicht nur frei von Düngemitteln und Antibiotika, sondern schmecken auch um einiges besser.

NACHHALTIGKEIT

Vegan zu sein heißt auch, sich für Nachhaltigkeit und ökologische Verantwortung entschieden zu haben. Denn die Produktion tierischer Produkte gefährdet nicht nur unsere Umwelt, sondern auch die Zukunft der Welternährung.

Zum einen trägt die massenhafte Viehhaltung entscheidend zur Entstehung von Treibhausgasen und der globalen Erwärmung bei. Das liegt einerseits daran, dass Nutztiere Methangase produzieren, und andererseits daran, dass Waldrodungen enormen Ausmaßes notwendig sind, um die vielen Tiere zu versorgen. Weniger Wald bedeutet wiederum weniger Sauerstoff. Ein Teufelskreis ist in Gang gesetzt, an dessen Ende, wenn nicht irgendwie Einhalt geboten wird, nur eine komplette Vernichtung sämtlicher Ressourcen stehen kann.

Aber auch auf der menschlichen Ebene gilt es die Verantwortung zu überdenken. Die Produktion von Futtermitteln für Nutztiere findet oft in Entwicklungsländern statt, wo die Bevölkerung selbst Hunger leidet. Überlebenswichtige Pflanzen werden, anstatt Menschen das Leben zu retten, an Tiere verfüttert, die anschließend als Steak auf den Grillern und Tellern des Westens landen.

Ähnlich problematisch zu sehen sind Entwicklungen in den Bereichen Fischfang, Eierproduktion und Milchwirtschaft. Es wird konsumiert, als gäbe es kein Morgen. Das Faszinierende daran: Wir tun dies in dem Wissen, dass wir unseren Planeten letztlich zugrunde richten.
Eine bittere Ironie, doch kein Schicksal ohne Ausweg. Wer nachhaltig und vegan lebt, schont nicht nur Ressourcen, sondern macht auch einen wertvollen Schritt zu auf die Zukunft der Welt.

Menthapul
12.95

Prostavin
12.90

Sanivin
11.50

Bertramwurzel
11.50

Bärwurz-
Birnhonig
15.90

Dipfamwurzel
11.50

VEGAN IM ALLTAG

Wer meint, um Veganer zu werden, müsse
er bloß seine Ernährung umstellen, der irrt.
Immerhin ist Veganismus keine Diät, sondern
eine Lebensphilosophie. In der Praxis heißt
das auch, zukünftig auf Materialien wie Leder,
Daunen, Seide oder Wolle, aber etwa auch auf
einen Zoobesuch zu verzichten.

Nachdenken ist gefragt: Was unterstütze ich durch mein Handeln, was nicht? Wo könnte ich Leid verursachen, wie ist es zu vermeiden? Wer vegan leben möchte, reflektiert sein Handeln nach ethischen Gesichtspunkten und bemüht sich, das Ideal der Verantwortlichkeit vor dem Planeten und seinen Lebewesen zu verinnerlichen.

Die Umstellung auf einen veganen Alltag kann zu Beginn recht schwierig sein, vegane Shops und Lokale sind eine wertvolle Orientierungshilfe.

VEGANES LEBEN EROBERT DIE STADT

Immer mehr Menschen leben vegan. Zum Glück ist dieser Trend zur Nachhaltigkeit nicht vergänglich und es gibt immer mehr Möglichkeiten, lustvoll vegan zu genießen und mit gutem Gewissen zu shoppen.

Unser wunderschönes Wien ist eine moderne Stadt, die auch für eine bewusste Lebensart unzählige Entfaltungsmöglichkeiten bietet. Ob vegane Cupcakes, faire und nachhaltige Mode oder vegane Supermärkte – Veganistas können sich voll ausleben.

EINE LOBESHYMNE AUF HANF

Wer sich als Hanf-Fan bekennt, gibt damit nicht gleich zu, etwas Illegales zu tun. Denn Hanf ist eine großartige traditionsreiche Nutzpflanze, die in einem veganen Leben nicht fehlen darf.

Einerseits ist Hanf ein robustes Material, das warm hält und den Grundstoff für viele vegane Kleidungsstücke und Accessoires bildet. Andererseits ist Hanf eine reiche Quelle an Proteinen, Omega-Ölen und Aminosäuren und besonders für sportlich aktive Menschen zu empfehlen. Ob in Pulverform, als Snackriegel, Tee oder Knusperkeks – Hanf ist ein gesunder und schmackhafter Bestandteil veganer Ernährung.

IM GÜTESIEGEL-DSCHUNGEL

Nachhaltiges veganes Einkaufen setzt einen Konsumenten voraus, der bewusst zu heimischer Bio-Ware greift. Dies spart nicht nur CO_2-Emissionen für die Transportwege, sondern fördert auch die österreichischen Bio-Landwirte.

Der Vorsatz ist rasch gefasst: Ab jetzt wird Bio eingekauft! Wenig später im Supermarkt: Der geneigte Bio-Kunde steht da wie der Ochse vorm Tor. Er blickt nach links, nach rechts, liest hier, schaut da – und ist überfordert. Mit einem solchen Dschungel aus Gütesiegeln und Qualitätsversprechungen hat er nicht gerechnet. Wie wild wird mit Öko, Bio, Frische und Natürlichkeit geworben. Nur: Was davon ist »echt«, was bloß Verkaufsschmäh? Welche Bio-Produkte sind aus Österreich und nicht aus einem spanischen Gewächshaus? Ein kleiner Trost: Kennt man einmal die wichtigsten Symbole, ist Bio einkaufen keine allzu große Wissenschaft mehr.

www.v-label.info

Das V-Label

Das V-Label ist das Gütesiegel für vegetarische Produkte und Speisen. Dieses Gütesiegel gibt die Sicherheit, dass kein Fleisch in den Produkten oder Speisen, welche durch das V-Label gekennzeichnet sind, enthalten ist. Zudem garantiert es die Einhaltung strenger Vorgaben und die Durchführung unabhängiger Kontrollen. Das V-Label kann auch die Erläuterung »vegan« angeführt haben und garantiert somit, dass keine tierischen Inhaltsstoffe in Produkten oder Speisen enthalten sind. Vergeben wird das V-Label von der Veganen Gesellschaft Österreich. Diese ist es auch, welche die Kontrollen zur Einhaltung der Qualitätssicherung durchführt.

Die Veganblume

Produkte, die mit der Veganblume gekennzeichnet sind, sind garantiert vegan. Sowohl
Produkt als auch Produktionsprozess sind
tierbestandsteil- und tierversuchsfrei. Nur
die Vegan Society England ist befugt, das
Gütesiegel zu vergeben. In Österreich bietet
die Vegane Gesellschaft Österreich Informationen an und berät gerne. Es müssen strenge
Kriterien erfüllt werden, damit ein Produkt das
Gütesiegel »Veganblume« erhält und die Vegan
Society in England wacht höchstpersönlich
über die Einhaltung dieser Vorgaben.

www.vegansociety.com

EU-Bio-Logo

Produkte, die das EU-Biogütesiegel tragen,
sind staatlich geprüft. Als Richtlinie für die
Überprüfung gilt die EU-Verordnung zum
ökologischen Landbau: Das Siegel darf dann
auf einem Produkt aufscheinen, wenn seine
Inhaltsstoffe zu mindestens 95% aus ökologischer Landwirtschaft stammen und höchstens
0,9% der Ingredienzien gentechnisch verändert
sind. Aus Österreich sind die Produkte nicht
zwingend, man sollte also nach zusätzlichen
Gütesiegeln Ausschau halten.

http://ec.europa.eu/
agriculture/organic/
index_de.htm

AMA-Gütesiegel

Das wohl bekannteste Gütesiegel in Österreich ist das rot-weiß-rote Agrarmarkt Austria
Gütesiegel. Es kennzeichnet herkömmliche
österreichische Produkte von geprüfter Qualität

www.ama.at

und Herkunft. Nur in Ausnahmefällen dürfen Rohstoffe aus anderen Ländern zugekauft werden.

Schwarzes AMA-Biozeichen

www.ama-marketing.at

Dieses runde Bio-Gütesiegel kennzeichnet Bio-Produkte ohne Ursprungsangabe. Als Kriterien für die Vergabe kommen neben den EU-Bio-Richtlinien noch jene des österreichischen Lebensmittelbuches hinzu. Zum Einsatz kommt es meist bei Produkten, die importierte Zutaten enthalten, wie etwa Bananen, Kokosnüsse oder Reis.

Rot-Weißes AMA-Biozeichen Austria

www.ama-marketing.at

Produkte, die dieses Siegel tragen, erfüllen die Bestimmungen des schwarzen AMA-Biozeichens und sind zusätzlich mit einer Ursprungsangabe versehen. Sämtliche Inhaltsstoffe stammen zu 100% aus der angegebenen Region – das bedeutet: Anbau, Ernte und Verpackung erfolgen in Österreich.

Bio Austria

www.bio-austria.at

Eines der ältesten Gütezertifikate für österreichische Bioprodukte kommt vom Dachverband der österreichischen Biobauern, Bio-Austria. Alle Produkte, die dieses Siegel tragen, sind zum einen staatlich geprüfte Bioprodukte und zum anderen stammen sie zu 100% aus Österreich.

Demeter

Eines der strengsten Gütesiegel ist jenes
des internationalen Bio-Verbandes Demeter.
Produkte, die das orange-weiße Demeter-Logo
tragen, sind zu 100% aus biologisch-dyna-
mischer Landwirtschaft und erfüllen neben
Richtlinien von EU und Österreichischem
Lebensmittelbuch auch einen ganzen Katalog
eigener Vorschriften. In Österreich gibt es
zahlreiche Demeter-Betriebe, häufig erhältlich
sind Demeter-Getreideprodukte.

www.demeter.at

Austria Bio Garantie

Produkte, die das rot-grün-weiße kreisrunde
Logo der zugelassenen Kontrollstelle Austria
Bio Garantie tragen, erfüllen die EU-Bio-Ver-
ordnung. Sie werden jährlich überprüft, immer
wieder werden auch Stichproben untersucht.

www.abg.at

Supermarkt-Biomarken

Sie sind allgegenwärtig: »ja!natürlich« (Billa),
»Natur*Pur« (Spar) und »Zurück zum Urspr-
ung« (Hofer) – um nur einige zu nennen.
Auch andere Ketten bemühen sich, eigene
Bio-Produkte auf den Markt zu bringen, denn
Bio trifft den Zahn der Zeit und ist ein gutes
Geschäft. Die Biosiegel der Supermarktketten
sind aber keineswegs ein Garant für die öster-
reichische Herkunft der Produkte. Um sicher
zu gehen, sollte man darauf achten, dass das
Produkt neben dem EU-Biosiegel auch das
AMA-Biozeichen Austria trägt.

VEGAN IM NETZ

Der Wille ist da, bloß fehlt der Weg. Vor allem Vegan-Neulinge finden sich oft schwer zurecht und haben viele offene Fragen. Wo bekomme ich welche veganen Lebensmittel? Welche sind garantiert vegan? Wie koche ich lecker, gesund und ausgewogen? Guter Rat ist hier schnell zur Hand und auch gar nicht teuer. Immerhin gibt es zahlreiche Internetplattformen, die mit diesbezüglichen Tipps und Informationen aufwarten können.

vegan.at

Besonders praktisch ist die Seite der Veganen Gesellschaft Österreich. Hier stößt man nicht nur auf Infos aller Art und einen üppigen Fundus an Links, sondern auch auf eine Produktdatenbank, die sämtliche vegane Produkte auflistet. Das Forum der VGÖ bietet Kommunikationsfreudigen die Gelegenheit zu Diskussion und Austausch.

veganblatt.com

Infos zu veganem Leben und Kulinarik in Wien und anderen Großstädten sowie Rezepte und Gesundheitstipps findet man im Veganblatt. Interessante, unterhaltsam informative Artikel zu Spezialthemen wie »Vegan mit Kindern« und Buchtipps ergänzen das Angebot der Seite.

peta.de/veganesleben

Die Seite der Tierschutzorganisation peta informiert nicht nur über die unmenschlichen Bedingungen der Tierindustrie, sondern verfügt auch über einen umfangreichen Informationsbereich zum Thema Veganismus. Kritischen Denkern und Informationsjunkies bietet diese Seite Gesprächsstoff und Lektüre für viele Stunden.

Mani ®
www.mani.at

Gold Award Winner New York

International Olive Oil Competition 2014

700 Teilnehmer

Zu Recht vielgerühmt: Mediterrane Ernährung hat den Eintrag in die UNESCO-Liste des immateriellen Weltkulturerbes der Menschheit verdient!

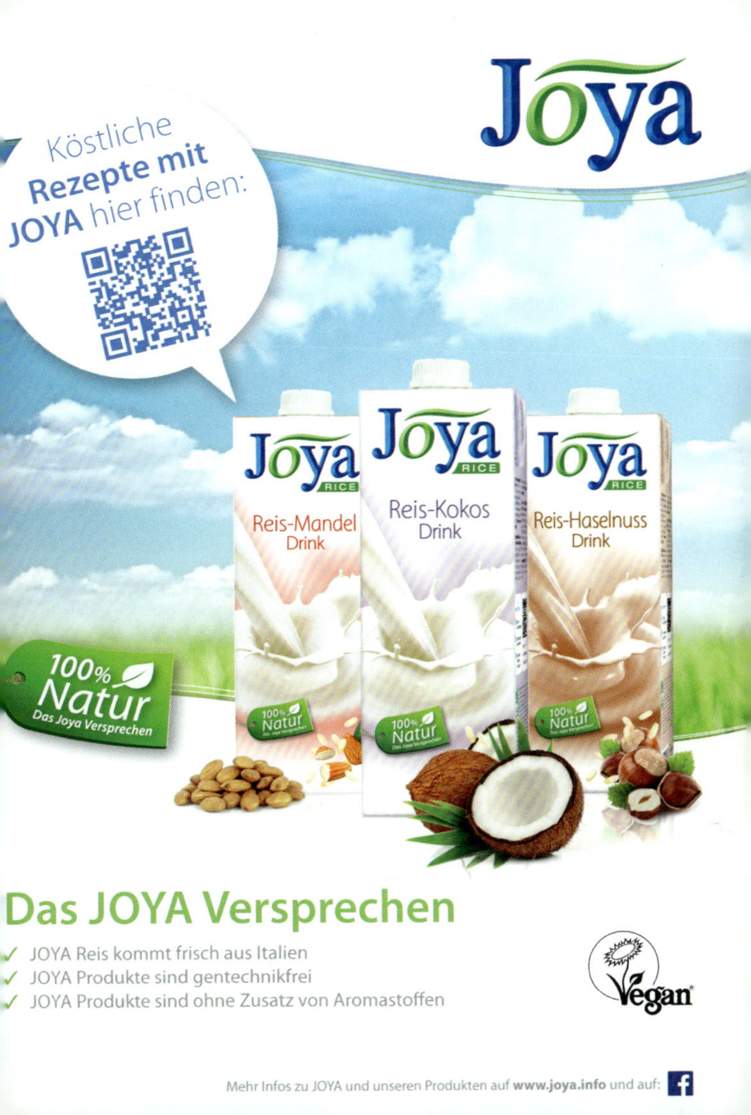
Joya
Köstliche
Rezepte mit
JOYA hier finden:
Joya RICE
Reis-Mandel Drink
Joya RICE
Reis-Kokos Drink
Joya RICE
Reis-Haselnuss Drink
100% Natur
Das Joya Versprechen
Das JOYA Versprechen
✓ JOYA Reis kommt frisch aus Italien
✓ JOYA Produkte sind gentechnikfrei
✓ JOYA Produkte sind ohne Zusatz von Aromastoffen
Vegan
Mehr Infos zu JOYA und unseren Produkten auf www.joya.info und auf:

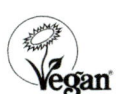

VEGANE ERNÄHRUNG

Bei vielen Menschen ruft schon das Wort »vegan« die Assoziation des Verzichtes, der Fastenkur und der peinigenden Askese hervor. Aber vegan zu leben heißt keineswegs, zu verzichten. Viel eher ist die Umstellung eine bewusste Entscheidung zur Veränderung. Und ja, auch zum Neubeginn. Die wenigsten Menschen sind vegan aufgewachsen, viele haben ihre Kindheit mit Würstel und Schnitzel verbracht.

WER IS(S)T WAS?

Man kennt sich schon gar nicht mehr aus: Der eine lebt vegetarisch und isst Eier. Der andere isst sowohl Eier als auch Milchprodukte. Der Dritte isst zwei mal die Woche Fleisch und verzichtet an allen anderen Wochentagen darauf. Begrifflich kennt man sich schon gar nicht mehr aus. Wer isst nun was? Wir haben in aller Kürze zusammengefasst, was bei wem auf den Teller kommt.

Lacto-Vegetarier
Sie nehmen neben pflanzlichen Lebensmitteln auch
Milch und Milchprodukte zu sich, Eier sind jedoch tabu.

Ovo-Vegetarier
Neben pflanzlichen Lebensmitteln stehen auch
Eier auf dem Speiseplan.

Ovo-lacto-Vegetarier
Sie essen Milchprodukte sowie Eier.

Veganer
Die Ernährung besteht ausschließlich aus
pflanzlichen Lebensmitteln.

Flexitarier
Sie essen ganz bewusst drei bis fünf Tage pro
Woche kein Fleisch. Sie legen »Veggie-Tage« ein.

Omnivoren
Die sogenannten »Allesesser« essen sowohl Fleisch als
auch Milchprodukte. Auch Menschen, die Fisch oder
helles Fleisch verzehren, fallen in diese Kategorie.

ARE YOU READY FOR VEGAN?

Wer sich vegan ernähren muss, braucht die Bereitschaft, neu zu genießen und sollte auch einen gewissen Forschergeist mitbringen. Was gibt es an veganen Lebensmitteln? Was habe ich noch nicht ausprobiert? Welche Rezepte kann ich realisieren? Wie kann ich meine Lieblingsspeisen veganisieren? In der veganen Ernährungspalette gibt es unendlich viel zu entdecken.

Hat man sich einmal auf das Abenteuer eingelassen, wird Veganismus zu einer Reise in einen neuen kulinarischen Lebensabschnitt. Und der wird spannend, gesund und vor allem geschmackvoll!

HAST DU KEINE MANGELERSCHEINUNGEN?

Das ist eine Frage, die Veganer oft zu hören bekommen. Unbegründet ist sie nicht – immerhin haben die meisten Menschen nur eine grobe Vorstellung davon, wie gesunde und ausgewogene Ernährung aussehen soll und unterschätzen oft den Wert pflanzlicher Produkte. So ist die Kritik meist nicht böse gemeint, sondern eher einem generellen Informationsdefizit zuzuschreiben.

Ein gutes Beispiel: Eiweiß bzw. Protein, der Körperbaustoff Nummer eins. Glaubt man der gängigen Meinung, könnte man vermuten, es sei ausschließlich in Eiern, Milch und Fleisch enthalten und sollte in möglichst üppigen Mengen zugeführt werden. Aus ernährungstechnischer Sicht ist dies jedoch nicht so zu unterschreiben.

Erstens sind zahlreiche Pflanzen ohnehin durchaus eiweißhaltig, etwa Brokkoli, Linsen oder Kichererbsen. Noch proteinreicher ist der aus Soja hergestellte Tofu oder Seitan, das aus Weizenprotein gewonnen wird. Zweitens wissen viele nicht, dass sie ohnehin schon mehr als genug Eiweiß zu sich nehmen und ein Überkonsum gar gesundheitsschädlich sein kann.

Die Versorgung mit Kohlehydraten und Fetten ist durch eine ausgewogene vegane Ernährung sichergestellt. Über Brot, Pasta, Vollkornprodukte, Hülsenfrüchte, Nüsse, Avocados und hochwertige Pflanzenöle kommt der Körper an die notwendigen Stoffe. Leinöl enthält die lebenswichtigen Omega-3-Fettsäuren.

WAS FEHLT?

Bei einer gesunden und ausgewogenen veganen Ernährung gibt es nur wenige Vitamine, Ballaststoffe und Mineralstoffe, die nicht ohnehin schon über Obst, Gemüse oder Getreideprodukte aufgenommen werden. Dennoch sollte man speziell diesen Aufmerksamkeit widmen.

Calcium ist wichtig für Knochen, Nerven und Muskeln. Es kommt vor allem in Milchprodukten vor und wird von Veganern nur in geringem Maße aufgenommen. Da tierische Eiweiße aber auch zu einer hohen Calciumausscheidung führen, verwerten Veganer Calcium besser und leiden selten unter einem Mangel.

Beliebte vegane Calciumquellen sind die Sonne – sie produziert Vitamin D, welches hilft, Calcium im Körper zu verarbeiten – sowie angereicherte Lebensmittel. Zu diesen zählen viele Sojadrinks, Säfte oder Frühstückscerealien.

Auch das seltene Vitamin B12 kann schwer über rein pflanzliche Produkte aufgenommen werden, da es ausschließlich von Mikroorganismen hergestellt wird. Es ist vorwiegend in Kuhmilch und Fleisch zu finden. Für Veganer ist es darum notwendig, mit B-12-angereicherten Lebensmitteln wie Multivitaminsäften oder mit ergänzenden Präparaten den B-12 Speicher immer wieder neu aufzufüllen.

IST STÄNDIG VEGAN ESSEN NICHT LANGWEILIG?

Egal ob fleischessend, vegetarisch oder vegan: Wenn man lieb- und lustlos an das Thema Essen herangeht, tut man sich natürlich immer schwer. So wird man wahrscheinlich kaum glücklich werden, wenn man tagaus tagein an trockenem Brot und Kohlrabi knabbert und sich widerwillig hin und wieder ein Glas Sojamilch gönnt.

Aber wer meint, vegan essen bedeutet lasches Kochgemüse mit ein paar Körnern, der irrt ohnehin gewaltig. Denn die vegane Küche bietet zahllose Möglichkeiten, der kreativen Selbstentfaltung freien Lauf zu lassen und hemmungslos zu genießen. Tipp: Einfach kosten und Vorurteile vergessen!

MEHR ALS NUR GRÜNZEUG

Essen ist Genuss, und den sollte man zelebrieren. Warum also nicht einmal selber vegan aufkochen? Alles, was es dazu braucht: Zeit, Zutaten, ein Rezept und viel Liebe.

Holt euch Inspiration aus anderen Ländern, probiert Rezepte aus, modernisiert und veganisiert sie. Quasi jede Nationalküche hat feine vegane Speisen im Angebot. Italienische Pasta etwa enthält weder Milch noch Eier, viele asiatische Gerichte sind komplett vegan. Die aromatisch-würzigen indischen Curries lassen sich unkompliziert vegan zubereiten, und auch aus Omas Rezeptheft lässt sich vieles zaubern.

UND DAS GELDBÖRSEL?

Sind vegane Menschen dünner, weil sie sich ihr teures Essen nicht leisten können? Blödsinn! Wer biologisch produzierte Lebensmittel statt Industrieware kaufen will, muss sich deswegen noch lange nicht in Unkosten stürzen.

Die meisten Supermärkte bieten bereits zahlreiche vegane Produkte an. Auch regionale und kleine Anbieter führen vegane saisonale Produkte in höchster Qualität, oftmals zu fairen Preisen. Man muss nur wissen, wo.

VEGANER HOCHGENUSS.

ALLES BIO, ODER WAS?

Der Bio-Trend ermöglicht uns, von Bio-Lebens-
mitteln über Bio-Kosmetik bis hin zu klimaneut-
ralen Einrichtungsgegenständen alles für unser
gutes Gewissen zu tun. Aber ist vieles davon
doch nur ein Werbeschmäh und müssen wir
uns wirklich Sorgen um die lieben Bienchen
machen?

Umweltbewusste Ernährung, Artenschutz und biologischer Lebensmittelanbau sind zwar seit Jahren Dauerbrenner, erlangen momentan aber besondere Aktualität. Aufgrund der heftig diskutierten EU-Saatgutverordnungen befürchten KritikerInnen ein Ende der Artenvielfalt von Gemüse und Obst. Hinzu kommt die gerade besonders große Sorge um unsere Bienchen: Bienensterben ist in aller Munde und die Politik muss sich als Retter der Majas und Willis positionieren. In Österreich stehen die Zeichen auf Pestizid-Verbot, um das Bienensterben zu verhindern. Eine erste Wien-typische Initiative in diese Richtung wurde ja bereits mit dem Bienenvolk am Dach der Oper gesetzt. So werden zwei Bienen mit einer Klappe geschlagen: Rettung der Bienen plus Kulturbezug. Nur AllergikerInnen fühlen sich Gerüchten zufolge nun kulturell etwas diskriminiert.

WIEN IST BIO

Doch es gibt eine Gegenbewegung: Bio ist in, und das schon seit Längerem. Wir WienerInnen haben allein schon aufgrund des ambitionierten Engagements unserer Stadt einen engen Bezug zu biologischen Lebensmitteln. Denn der Landwirtschaftsbetrieb der Stadt Wien ist mit seinen rund 1000 Hektar Bio-Anbaufläche einer der größten heimischen Bio-Betriebe. Sich biologisch zu ernähren ist in dieser Stadt also wirklich nicht sehr schwer. Jede Supermarktkette hat mittlerweile ihre eigene Bio-Produktlinie, zusätzlich werden eifrig spezielle Biomärkte aufgesucht, die in Neubau wie Bio-Schwammerln aus dem Boden sprießen. Wem das nicht reicht oder wer einfach der Ansicht ist, dass Umweltbewusstsein und Faulheit einander nicht ausschließen, der lässt sich einfach per Bio-kistl beliefern (liefern die eigentlich klimaneutral?). Auch hier gibt es bei uns eine große Auswahl. Für besonders faule Nachtschwärmer, die nach dem Rausch mit Industrie-Alkohol in eine tiefe Katerdepression verfallen sind, bietet sich außerdem der Bio-Lieferservice Biofrische.net an.

ALLES NUR SCHMÄH?

Bio ist mittlerweile so Mainstream, dass so mancheR befürchtet, dass damit auch die Standards sinken. Man kann Bio-Kosmetik kaufen, Bio-Restaurants besuchen und sogar sein Wohnzimmer mit Öko-Tapeten auskleiden. Aber bei so viel »Bio« fragt man sich, wo all die glücklichen Kühe, das pestizid- und gentechnikfreie Gemüse und die nachhaltig angebauten Obstsorten stehen sollen? Dass Bio allein als Label leider nicht ausreicht, kritisieren einige Experten. Aufgrund unklarer Richtlinien und einer mittlerweile großen Bio-Industrie mit eigenen Interessen, ist »Bio« an sich noch kein Garant für artgerecht gehaltene Tiere oder idyllische Anbauflächen mit fairen Arbeitsbedingungen für die Angestellten.

NICHT AUFGEBEN BEIM »BIO« LEBEN!

Bio ist und bleibt, auch wenn es nicht immer das hält, was es verspricht, eine gute Sache. Das Wichtigste ist wohl, dass immer mehr Menschen ein Bewusstsein für das sensible Gleichgewicht unserer Natur und die zerstörerische Rolle, die wir Menschen darin spielen, haben. Wer möglichst umweltbewusst leben will, hat glücklicherweise in Österreich ein ziemlich großes Angebot an Produkten, Lokalen und Supermärkten. Und wer trotz aller Zertifizierung skeptisch bleibt, der kann auf Balkonien einfach sein eigenes Gemüse züchten oder – für die besonders Mutigen – sich seinen eigenen Bienenstock zulegen.

EIN KISTERL VOLL ODER GLEICH SELBER ANBAUEN?

In Zeiten von Umwelt- und Lebensmittelskandalen besinnen sich immer mehr Menschen auf regionale, saisonale und biologische Lebensmittel. Inzwischen sind sie gut am Markt positioniert und in jedem Supermarkt zu bekommen. Obst und Gemüse, Kräuter und Nudeln, Reis und Brot: So gut wie alles gibt es inzwischen in Bio.

Aber kann man Supermarkt-Ware überhaupt zu 100% trauen? Ist es nicht um einiges zuverlässiger, Lebensmittel direkt am Bauernhof zu besorgen? Immerhin bleiben Supermarktketten industrielle Anbieter, deren Produkte nur sehr schwer zurück zum Ursprung zu verfolgen sind. Selbst mit Gütesiegel.

Dies sind die Momente, in denen man es bedauert, in der Stadt zu leben. Der nächste Hof ist nicht einfach um die Ecke. Und nicht jeder hat schließlich eine Oma am Land, in deren Garten herrlich ungespritzte und g'schmackige Zwetschgen sprießen.

KEIN BAUERNHOF IN DER NACHBARSCHAFT?
KEIN PROBLEM.

Keine Welt ohne Problem, kein Problem ohne Lösung: Auch für städtische Bio-Nerds gibt es verschiedenste Wege und Möglichkeiten, an die heiße Bauernhof-Ware zu kommen.

GEMÜSEKISTL – DIE BIO-KISTE

Abgesehen von den Bio-Produkten, die auf Märkten des Vertrauens erworben werden können, bieten immer mehr Landwirte hofeigene Bio-Kisten an, die direkt vor die Haustüre geliefert werden. Der Inhalt: frisches Obst und Gemüse, gesund, bunt gemischt und garantiert Bio. Das Kisterl ist somit bequem für all jene, die auf nachhaltige Ernährung setzen und aus Zeitgründen den Einkauf nicht mehr schaffen. Bestellt werden die praktisch vielseitigen Frischobst- und Gemüserationen meist per Telefon, Webshop oder Mail. Ganz nach dem Motto: »Ein Kisterl voll Bio, bitte.«

Biohof ADAMAH
Der Biohof ADAMAH ist einer der Pioniere des Bio-Kistls in Österreich. Je nach Gusto kann aus einer Vielfalt an Obst- und Gemüsekistln ausgewählt werden. Auch Bio-Salate, feine Rohkost und Fruchtsäfte gibt es von ADAMAH. Je nach Größe und Inhalt belaufen sich die Preise für die praktischen Kistln zwischen 15 und 24 Euro. Als kleines Extra sind bei jeder Lieferung dem Kistl-Inhalt entsprechende Rezepte dabei.

Gärtnerhof Ochsenherz
Beim Gärtnerhof Ochsenherz findet sich so manche Rarität, denn beim Anbau werden hier insbesondere alte, fast schon vergessene Sorten gefördert. Eine weitere Spezialität des Demeter-Betriebes: Das Wirtschaftskonzept »GeLa«, das für Gemeinsam Landwirtschaften steht. Dieses setzt einen aktiven Konsumenten voraus, der mit einem Beitrag die Finanzierung der Landwirtschaft gewährleistet. Im Gegenzug wird er je nach Ernteerfolg und Saison mit den Erzeugnissen versorgt. Die Ernteanteilskisten sind an verschiedenen Standorten in Wien abzuholen.

Biomitter Kiste
Der Bio-Lieferant Mitter setzt beim Inhalt seiner Kisten auf die hochwertigen Produkte des Biohofes Breitenfurt sowie anderer Biobauern des

Vertrauens. Neben zahlreichen nicht-veganen Angeboten gibt es auch Kisten mit frischem Obst und Gemüse. Besonders empfehlenswert fürs Büro: Die Biomitter business Kisten, die alles an Vitaminen und schmackhafter Knackigkeit enthalten, was man für einen gelungenen Arbeitstag benötigt. Welche Obst- und Gemüsesorten tatsächlich im Kisterl landen, kann individuell abgestimmt werden.

Bio Wichtl

Der Bio Wichtl ist ein Onlineshop mit Lieferservice, der Bio-Lebensmittel vieler Anbieter vertreibt. Eine regelmäßige Kiste kann hier zwar nicht bestellt werden, dafür ist das Sortiment umso größer: Der Bio Wichtl hat nämlich neben Obst und Gemüse auch Brot und Gebrauchswaren wie biologisch abbaubare Frischhaltefolie oder Hygieneartikel im Angebot. Einen fixen Preis gibt es aufgrund der individuellen Bestellung nicht, die Hauszustellung kostet 8 Euro extra. Wer den Betrag minimieren will, kann mit Freunden zusammen eine Gruppenbestellung machen, wer ihn gänzlich sparen will, holt die Bestellung direkt in der Liechtensteiner Straße im 9. Bezirk ab.

BIOFRISCHE AM BAUERNMARKT

Sind die Eier plötzlich eckig, geht's den Hennen ganz schön dreckig. Bauernweisheiten wie diese sind nur eine von vielen wertvollen Erzeugnissen der regionalen Landwirtschaft rund um die Stadt, alle übrigen gibt es auf Wiens Bauernmärkten zu kaufen.

Dem Nahversorgungsmonopol der Supermärkte und dem daraus resultierenden Marktsterben trotzen noch immer eine beträchtliche Anzahl von Bauernmärkten. Vielen KonsumentInnen sind die Produkte aus dem Supermarkt ein Dorn im Auge. Die langen Produktionsketten, die Chemikalien, der große CO_2-Fußabdruck. Die unwürdige Tierhaltung, die fragwürdigen Gütesiegel, bei denen man nie weiß, was genau durch sie wie geregelt wird.

Wer sicher sein will, dass das Essen aus der Gegend kommt, biologisch und frisch ist, ist gut beraten, es so nah wie möglich an der Quelle zu kaufen. Zusätzlich spart, wer am Bauernmarkt einkauft, auch bei unnötigen Plastikverpackungen. Hier ist eine Liste der besten Bio-Bauernmärkte der Stadt.

Biomarkt Freyung

BIOMARKT FREYUNG
Freyung
1010 Wien

Am Biomarkt bei der Freyung gibt es alles, was die Region um Wien an biologischen Erzeugnissen zu bieten hat. Holzofenbäcker, Bioweine, Säfte, Gemüse, Obst – es gibt nichts, was es hier nicht gibt. Zusätzlich zu den Lebensmitteln lassen sich auch andere regionale Fabrikate wie Körbe und Schnitzereien käuflich erwerben. Eine detaillierte Website listet alle Standln – moderner wird das Markterlebnis nicht. Mit Sicherheit nicht der Billigste unter den Märkten, mit Abstand aber der Nobelste.

Karmelitermarkt

Am Karmelitermarkt bauen immer samstags neben den dauerhaften Verkaufshütten die Bauernstandln auf. Obwohl diese Entwicklung noch nicht alt ist, gibt's bereits alles, was das Bauernmarkt-Sortiment hergibt. Brot vom Bio-Bäcker Gragger, die biologische Szeneküche des Tewa und auch zahlreiche andere Bio-Fachgeschäfte haben hier ihren Platz gefunden. Manche Standln haben länger geöffnet, aber um sicherzugehen, sollte man vor 13:00 Uhr da sein.

KARMELITERMARKT
Karmeliterplatz
1020 Wien

Rochusmarkt

Der Rochusmarkt ist kein rein landwirtschaftlicher Markt: Auch hier werden neben natürlichen Erzeugnissen reguläre Handelsprodukte wie Kleidung und anderes Allerlei angeboten. Die Bauernstandln bieten Obst und Gemüse, aber natürlich auch Brot, Blumen und Selbsterzeugnisse wie Saft oder Marmelade an. Die Lokale rund um die Rochuskirche locken nach getanem Einkauf mit Melange und gemütlicher Stimmung. Mit Sicherheit einer der schönsten Märkte Wiens.

ROCHUSMARKT
Landstraßer Hauptstraße
1030 Wien

Naschmarkt

Alt, bewährt und zu Recht der wohl beliebteste Markt der Stadt. An jedem Samstag gesellen sich zu den üblichen Standlern und dem Flohmarkt auch eine Auswahl an Bauernstandln. Im sogenannten Bio-Eck verkaufen unter anderem

NASCHMARKT
Wienzeile
1060 Wien

auch BäckerInnen und WeinbauerInnen. Der Biohof Adamah bietet hier neben seinen eigenen Erzeugnissen auch Produkte wie Öle und Tees aus einer Kooperation in Nepal an.

Sobieskiplatz & Servitenmarkt

SOBIESKIMARKT
Sobieskiplatz
1090 Wien

SERVITENMARKT
Servitenplatz
1090 Wien

Der 9. Bezirk ist ein Mekka der Nahversorgung vom Bauern. Sowohl nahe der Nußdorfer Straße am Sobieskiplatz und vor der Servitenkirche nahe der Lände bauen immer samstags eine Handvoll Standln auf. Obst, Gemüse, Brot und andere frische Köstlichkeiten gibt es an beiden Standorten.

WUK Wochenmarkt

WUK WOCHENMARKT
Währinger Straße 59
1090 Wien

Jeden Freitag schlagen im Innenhof des WUK eine kleine, aber feine Auswahl von Standlern vorübergehend ihre Zelte auf. Obst und Gemüse vom Biohof Adamah, Brot, Biopflanzen und Kräuter und köstliche Marmeladen. Definitiv die beste Auswahl auf kleinstem Raum. Wer sich bewusst ernähren will, findet hier alles, was die Region um Wien zu bieten hat. Es empfiehlt sich, nicht zu spät zu kommen – ab 17:30 Uhr wird abgeräumt.

Meidlinger Markt

MEIDLINGER MARKT
zwischen Niederhofstraße
und Reschgasse
1120 Wien

Der Meidlinger Markt ist ähnlich dem Brunnenmarkt ein Sammelsurium an Verkaufsstandln und Lokalen und ist ähnlich dem Ottakringer Bruder im Geiste auch ständiger Treffpunkt in Meidling. In der Fußgängerzone der Meidlinger

Hauptstraße zwischen der Niederhofstraße und der Reschgasse finden sich neben einer Menge internationaler Standln auch in etwa 20 Bauernstandln. Eine Handvoll ist auch unter der Woche an den Vormittagen da, aber an Freitagen und Samstagen ist die Auswahl größer.

Meiselmarkt

Ursprünglich ein Straßenmarkt, ist der Meiselmarkt nach zwei Brandstiftungen in den ehemaligen Wasserspeicher der Schmelz umgezogen. Bewegte Geschichte, bewegter Markt: Das breite Angebot trifft sich mit erheblicher Nachfrage. Neben kleinen Lokalen und den obligaten Lebensmittelständen gibt es auch allerlei anderen praktischen und unnützen Ramsch. Trotz Überdachung hat

MEISELMARKT
U3-Station Johnstraße
1150 Wien

der Meiselmarkt ein eindeutiges Marktflair und reicht fast an einen Suk heran.

Vor allem FreundInnen der türkischen Küche werden hier nicht enttäuscht: Pitabrot, Oliven, Nüsse, Gewürze und andere Köstlichkeiten können hier günstig erstanden werden. Handeln ist Pflicht!

Yppenmarkt (Brunnenmarkt)

YPPENMARKT
Yppenplatz
1160 Wien

Streng genommen ist der Yppenmarkt längst mit dem Brunnenmarkt zusammengewachsen. Mit Bauernstandln füllt sich aber vor allem der am Yppenplatz befindliche Teil des Marktes. Jeden Samstag Vormittag gibt es hier die Gelegenheit, Obst, Gemüse und sonstige frische Lebensmittel vom Bauern einzukaufen. Das Publikum: Szenelastig, jung.

Wenn man schon am Yppenplatz ist, kann man in einem der unzähligen Lokale um den Platz einkehren; etwa auf ein Getränk ins Café C.I. oder auf ein Mittagessen ins Ando und das Treiben auf dem Platz beobachten.

Kutschkermarkt

DER KUTSCHKERMARKT
Kutschkergasse
1180 Wien

Der Kutschkermarkt bietet je nach Jahreszeit vorwiegend saisonale Produkte an. Zwischen Obst und Gemüse findet man auch unterschiedliche Marktstände wie Pöhls kulinarisches Eck, der als Herzstück des Marktes gilt, das Oan oder den Weltmeisterkebab, der auch ein Weltmeister im Zubereiten von Falafeln ist.

SELBER ERNTEN – SELBST VERSORGEN IN WIEN

Die Motivation sich selbst zu versorgen ist eine Sache, die Umsetzung, wenn man zum Beispiel mitten im urbanen Wien lebt, eine andere. Nicht jeder hat ein Grundstück, einen Garten, geschweige denn einen Balkon zu Verfügung, auf dem sich zumindest die einen oder anderen Gemüse und Kräuter anbauen und ernten ließen.

DER TRAUM VOM GARTEN

Vertrauen ist gut, Kontrolle besser. Wer nach diesem Motto lebt und isst, hat oft einen eigenen Bio-Garten oder träumt zumindest von einem. Man weiß, was drin ist. Man weiß, woher es kommt. Außerdem schmeckt selbst gezüchtetes Obst und Gemüse immer noch am besten. Vor allem dann, wenn man Arbeit investiert: Selbst in der Erde wühlen, pflanzen, graben, eigene Karotten ziehen. Die Erdbeeren beim Gedeihen beobachten, vom zarten Pflänzchen bis zur knallroten reifen, süßen Frucht – und ja, ein paar eigene Kräuter schneiden, aromatisch und duftend, für den frischen Salat. Bekanntlich ist nur der Traum von einer Sache etwas anderes als seine Umsetzung. Was tut man beispielsweise, wenn man im urbanen Raum lebt und kein Fleckerl Land besitzt? In Wien haben nur wenige Menschen einen Garten zur Verfügung, auf dem sich zumindest die einen oder anderen Nutzpflanzen anbauen ließen.

Ist der Wunsch nach selbst angebautem Grün also nur Träumerei? Keineswegs! Für alle, die vor erdigen Händen und schweißtreibender gärtnerischer Betätigung nicht zurückschrecken, gibt es auch die Möglichkeit, in Wien und Umgebung Parzellen zu mieten und darauf aktiv zu werden.

Öko-Ernteland

Landparzellen in der Größe von etwa 115 Quadratmetern vermietet etwa der Zentralverband der Kleingärtner Österreichs saisonweise für einen

Beitrag von 200 Euro. Und zwar mitten in Wien, unweit von der U1-Station Leopoldau im 21. Bezirk.

Zu dem fixen Anbauplan gibt es auch Platz für zusätzliches Anpflanzen von weiteren Kulturen. Der Pächter erhält also ein Stück Land mit vorgesäten Gemüsesorten – alles nach biologischen Kriterien versteht sich – und kümmert sich dann um eventuelle Zusatzpflanzung, Unkraut jäten und Ernte. Je nach Witterung kann sich der Mieter von Mai bis November im Gemüsegarten austoben. So gesehen sorgt das Öko-Land nicht nur für eine kostengünstige Obst- und Gemüseversorgung, sondern auch für eine tolle Freizeitbeschäftigung.

Ökoparzellen der Stadt Wien

Auf der Ackerfläche des Bio-Zentrums Lobau im 22. Wiener Gemeindebezirk befinden sich die städtischen Ökoparzellen der MA 49. Jeweils 80 Quadratmeter umfasst jede Parzelle. Der Großteil der Fläche ist bei Übernahme bereits bebaut, doch kann auf Eigeninitiative zugepflanzt werden. Der Kostenbeitrag für eine Parzelle beträgt 115 Euro.
www.wien.gv.at

Weitere Selbsterntegärten

Selbsternte als Ausdruck einer nachhaltigen Lebensweise hat in den letzten Jahren stark an Beliebtheit zugenommen. Vor allem die Großstädter sehnen sich nach einem Stück Land, an dem sie selbst Hand anlegen können. Aus diesem Grund verpachten inzwischen zahlreiche Bio-Bauern und Betriebe Selbsterntegärten in Parzellenform.
www.selbsternte.at

LEGALER MUNDRAUB? NA KLAR!

Gezielt Obst und Gemüse ernten und das ohne Garten, kann man übrigens auch dank dem Projekt »Mundraub«. Hierbei handelt es sich um eine Initiative, die sämtliche auf öffentlichem Grund stehende Obst- und Nussbäume in Onlinekarten verzeichnet. Derartige Maps für Erntestandorte gibt es nicht nur für Wien, sondern für diverse Städte in ganz Europa. Ins Leben gerufen wurde das Projekt einerseits, weil es schlichtweg schade ist, wenn Obst unentdeckt und einsam am Baum verfault. Andererseits verfolgt Mundraub das Ziel, die Öffentlichkeit auf beinahe vergessene Obstsorten aufmerksam zu machen und Bewusstsein für das Thema Naturschutz und Baumpflege zu schaffen. Wer selbst zum Mundräuber werden will, stattet sich saisongerecht mit geeignetem Sammelzubehör aus und begibt sich in die Wiener Parks oder den Wienerwald. Mögliche Beute: Maulbeeren aus dem Stadtpark, Marillen, Bärlauch und Holunder aus dem Prater, Haselnüsse und Kirschpflaumen aus dem Währingerpark. Beim »Mundräubern« gilt es jedoch, einige Verhaltensregeln zu beachten: Der verantwortungsvolle Mundräuber passt auf, dass er beim Ernten keine Eigentumsrechte verletzt, behandelt die Pflanze respektvoll und engagiert sich bei der Baumpflege.

Ist man so unterwegs, kann man ruhigen Gewissens ordentlich Obst einpacken, damit anschließend auch etwas zur Weiterverarbeitung bleibt. Selbstgemachte Marmeladen schmecken nämlich am Besten, wenn man die Früchte selbst »gemundräubert« hat.

FOOD-COOPS IN WIEN

Einkaufen im Diskonter ade: Wer Österreichs Bio-Landwirtschaft nachhaltig unterstützen und sich dabei selbst kulinarisch was Gutes tun will, ist bei einer Food-Coop genau richtig.

Was ist eine Food-Coop?

Hinter dem Kürzel »Food-Coop« verbirgt sich der Begriff Food Cooperative, zu Deutsch Lebensmittelkooperative, der im Wort selbst schon die Erklärung bereit hält. Menschen, denen es nicht egal ist, was auf ihrem Teller landet und vor allem wo ihre täglich konsumierten Nahrungsmittel ihren Ursprung haben, werden aktiv und beziehen ihre Lebensmittel selbstorganisiert direkt vom Produzenten. »Bio«, »fair« und »nachhaltig« werden nicht mehr als saloppe Werbebegriffe missbraucht, sondern können im Rahmen einer Food-Coop verwirklicht werden, in deren Mittelpunkt die Ökologische Landwirtschaft mit saisonalen und regionalen Produkten steht. Auf Zwischenhändler kann verzichtet werden, der Landwirt erhält dadurch einen angemessenen Preis für sein Produkt. Kritik an der momentanen Agrarindustrie sowie an den konventionalisierten »Bio-Eigenmarken« der heimischen Diskonter schwingt deutlich mit.

Von Bioparadeis bis Naschkastl 2.0

Organisiert ist eine Food-Coop meistens als Verein, der einen geringen Mitgliedsbeitrag und persönliches Engagement erfordert. Unter dem Motto »Gemeinsam sind wir stark!« sind alle Vereinsmitglieder aktiv an der Organisation beteiligt und teilen sich nach regelmäßigen Treffen Aufgaben wie »Schlüsseldienst«, »Verwalten von Lieferungen« oder »Lagerdienste«. Zu seinen Lebensmitteln kommt man, indem man zu festgelegten Zeiten einfach den jeweiligen Lagerraum aufsucht und wie üblich einkaufen geht. Bezahlt wird dann vor Ort zu Ab-Hof-Preisen. Die meisten Food-Coops verfügen über ein Grundsortiment, das zum Beispiel Getreide, Gewürze und Säfte sowie weitere lagerfähige Produkte umfasst. Frisches Gemüse, Obst und Brot gibt es auf Bestellung. Die Food-Coop »Bioparadeis«, gegründet schon 2007, umfasst mittlerweile rund 60 lebensmittelinteressierte Mitglieder und nimmt damit eine Vorreiterrolle ein. Langsam aber sicher sprangen einige auf den Zug auf und weitere Food-Coops gründeten sich in Wien, »D'Speis« und »vegan food coop« im 15., »Möhrengasse« im 2., »Naschkastl 2.0« im 20. Bezirk, um nur einige zu nennen.

Mitmachen und mitbestimmen

Wem ein verantwortungsvoller Umgang mit Lebensmitteln wichtig ist und wer vor Eigeninitiative nicht zurückschreckt, kann sich jederzeit an einer Food-Coop beteiligen. Einfach loslegen und die Lebensmittelkooperative seiner Wahl direkt anschreiben. Unsichere können sich selbst von diesem alternativen Lebensmittelkonzept überzeugen und haben die Möglichkeit, unverbindlich im Rahmen der jeweiligen »Lageröffnungszeiten« der Food-Coops vorbeizukommen, das Sortiment zu erkunden, sich mit erfahrenen Food-Coop Mitgliedern auszutauschen und sich dabei auch gleich über die Lebensmittelproduzenten zu informieren. Also keine Scheu und zukünftig selber bestimmen, was zu Mittag auf den Tisch kommt!

Schenk' dir ein Lächeln!

Lernen Sie uns kennen — und lieben.

Entdecken Sie feinste biologische Tee- und Gewürzspeziali-
täten, erlesene Kaffeekompositionen sowie Bio-Bengelchen
Kinderprodukte und nachhaltig-kreative Geschenkideen!
Wir bringen Genuss und Lebensfreude ganz in Ihre Nähe!

SONNENTOR AUHOF CENTER
Albert-Schweitzer-Gasse 6, 1140 Wien

SONNENTOR LANDSTRASSE
Landstraßer Hauptstr. 24, 1030 Wien

SONNENTOR MILLENNIUM CITY
Handelskai 94-96, 1200 Wien

SONNENTOR WOLLZEILE
Wollzeile 14, 1010 Wien

Entdecken
Sie die ganze
Vielfalt unserer
Produkte auch im
Webshop unter:
WWW.SONNENTOR.COM

maran
VEGAN®
leben und leben lassen

einfach vegan einkaufe

Stumpergasse 57
1060 Wien
Mo-Fr 08:30-19:30 Uhr
Sa 08:30-18:00 Uhr
maranvegan.at

Lebenswert

Feinkost-Laden für Leib & Seele

100% ORGANIC INGREDIENTS

Foto: © Doris Dannerbauer

www.gruenesmoothies-wien.at

LIEFERN LASSEN

Vegan und frisch gekocht: Her damit! Nur: Wer liefert gutes Veganes direkt nach Hause?

VEGANES FÜR BEQUEME FEINSCHMECKER

Bis man den Lieferservice des Vertrauens gefunden hat, vergeht oftmals viel Zeit. Wer zweifelhafte kulinarische Experimente nicht liebt und sicher sein möchte, dass vegane Speisen auch wirklich frisch und außerdem rasend schnell in die eigenen vier Wände geliefert werden, ist mit folgenden Adressen gut beraten:

ViennaFood.at
Dieser Lieferservice bietet die Option, sich frische Menüs für den Folgetag zu bestellen, die vor dem Verzehr nur mehr aufgewärmt werden müssen. Bei ViennaFood wird mit strengen Qualitätsrichtlinien gearbeitet, die Auswahl ist groß. So gibt es auch ein mannigfaltiges Angebot an veganen Speisen – und das zu ansprechenden Preisen.

DonauGarten.at
Bei diesem Wachauer Betrieb kann man sich einen Suppenvorrat für eine Woche online bestellen. Mit den feinen Suppen aus dem DonauGarten ist man immer gut versorgt und kann sich auf Qualität und Herkunft der Ware verlassen. Sämtliche Suppen sind vegan zubereitet, und egal ob mittags oder abends hat man immer eine köstliche Mahlzeit zur Hand. Im Kühlschrank sind die Suppen gut verschlossen bis zu drei Wochen haltbar.

CurryUp.at
Laut Eigenbeschreibung hat Curry Up! das schnellste und frischeste Curry von Wien. Zur Auswahl stehen verschiedenste Variationen, auch vegane Curries. Srilankisches/südindisches Essen soll hier in möglichst originaler Form zubereitet werden. Ein würzig-intensives Gaumenerlebnis!

SansWok.at
San's Wok liefert seine Asiatischen Spezialitäten in fast jeden Bezirk

Wiens. Bemerkenswert bei diesem Lieferservice sind sowohl Qualität als auch Vielfalt der Speisen. Das Motto des Kochs lautet nämlich: »Iss dich gesund«. Aus diesem Grund finden nur rein biologische Zutaten ihren Weg in die Speisen. Vegetarisches und Veganes gibt es reichlich.

Akakiko.at

Die umfassende Speisekarte des japanischen Bestell-Riesen Akakiko enthält zahlreiche vegetarische und vegane Gerichte, die einem das Wasser im Mund zusammenlaufen lassen. Auszug aus dem Programm: Reisnudeln mit Tofu und Shitake-Pilzen oder Gemüse-Sushi aus Brokkoli, Avocado, Fisolen und Karotten. Immer wieder gut!

Weitere Möglichkeiten

Natürlich findet man auch auf bekannten Lieferservice-Seiten vegane Speisen, wie zum Beispiel bei mjam.at oder willessen.at. Sehr zu empfehlen ist auch das Lieferservice-Angebot von heimschmecker.at, wo auch die exquisiten Eis-Greissler-Köstlichkeiten bestellt werden können.

saisonal & frisch   *veggie!*   *Frühstück*
REGIONALES *& internationales* **Buffet**
Bargerichte (Do-Sa ab 22 Uhr)
Nachhaltigkeit

yamm!

Mir
schmeckt
das Leben!

Universitätsring 10, 1010 Wien
www.yamm.at   +43-1-532 05 44

bio bar Bruschette
Schönbrunner Straße 235
1120 Wien

die BIO BAR von antun
Drahtgasse 3
1010 Wien

www.biobar.at

ESSEN GEHEN

Wir haben gesucht, gefunden und gesammelt: In unserem veganen Lokalführer findet ihr feine Adressen, wo vegane Küche auch wirklich schmeckt. Einige der angeführten Lokale sind rein vegan, andere hingegen haben sich ihren Platz im Lokalführer durch ihre vorzüglichen Gerichte erstritten, obwohl sie auch anderen Essgewohnheiten Raum bieten. Wir wünschen viel Vergnügen beim Durchkosten und Genießen!

RESTAURANTS, CAFÉS & SÜSSES

Wer in Wien nach frischen, veganen Speisen Ausschau hält, wird garantiert fündig. Hier geben sich herzhaft zubereitete vegane Gaumenfreuden und himmlisch köstliche Schlemmereien die Hand und das alles rein biologisch, nachhaltig und vegan. Wir haben in aller Kürze zusammengefasst, wo es sich für Veganer vorzüglich speisen lässt. Ausführlichere Lokalbeschreibungen findet ihr auf stadtbekannt.at.

Bio Bar von Antun

Wahren Wiener Bio-Kennern ist das Lokal vielleicht ein Begriff. Idyllisch gelegen im 1. Bezirk zwischen Hof und Judenplatz, ist die Bio Bar eine der klassischen Anlaufstellen für vegetarische und vegane Küche. Vielseitig, international und abwechslungsreich wird hier aufgetischt, und das sowohl mittags als auch abends. Täglich gibt es ein Mittagsmenü, das aus Suppe, Hauptspeise und Salat besteht. Alternativ kann auch aus der umfassenden Karte gewählt werden. Von kroatischem Gemüseeintopf bis hin zum veganen Grillteller für zwei mit Soja-Butter-»Steak«, Tofu und Soja-»Ente« gibt es hier so gut wie alles. Außer natürlich Fleisch.

BIO BAR VON ANTUN
Drahtgasse 3
1010 Wien
www.biobar.at

Bio Werkstatt – GenussBar

Die Bio Werkstatt im 1. Bezirk ist in erster Linie ein Marktplatz für österreichische Bio-Lebensmittel. Produkte namhafter Bio-Marken wie Sonnentor, Zotter oder Joseph Brot sind Fixbestandteile des Sortiments, ebenso wie Gemüse, Säfte und Öle aus kleineren heimischen Bio-Betrieben.

BIOWERKSTATT
Biber Straße 22
1010 Wien
www.biowerkstatt.com

Doch einmal abgesehen vom Einkaufen lässt es sich in der Bio Werkstatt auch ganz ausgezeichnet speisen. Zwischen 11:30 und 14:00 Uhr lädt die GenussBar der Bio Werkstatt zum Mittagstisch. Gekocht wird frisch, bio und selbstverständlich vegan. Als Begleiter zum Essen werden frische Säfte und Smoothies angeboten. Kaffee, Tee und Kuchen machen den Genuss perfekt.

Eis-Greissler

EIS-GREISSLER
Rotenturmstraße 14
1010 Wien
www.eis-greissler.at

Es gehört schon einiges an Chuzpe dazu, ein Bio-Eisgeschäft direkt zwischen zwei der größten und beliebtesten Gelaterien von Wien zu eröffnen. Der Eis-Greissler hat genau das gewagt – und gewonnen.

Heute kann sich das kleine Lokal mit dem blau-weiß karrierten Portal getrost als einer der beliebtesten Wiener Eissalons bezeichnen. Zu Recht! Denn das Sortiment ist einmalig kreativ, und man schmeckt, dass hinter diesem Eis Handarbeit und Liebe steckt. Ob Graumohn, Erdbeer, Butterkeks oder Zotter Schokolade – für jeden ist hier etwas dabei. Einige Sorten sind immer vegan!

Kardamom

KARDAMOM
Schwedenplatz 3-4
1010 Wien

Dass persisches Essen auch sehr gut ohne Fleisch auskommt, beweist das Kardamom am Schwedenplatz. Das kleine, freundlich-traditionell eingerichtete Lokal überzeugt mit toll gewürzten vegetarischen, großteils auch veganen Spezialitäten und viel Abwechslung am Speiseplan.

Besonders Liebhaber der orientalischen Küche werden sich hier wohlfühlen. Immer erhältlich sind Suppen, Teigtaschen und persische Süßspeisen. Die wechselnden Wochenmenüs ergänzen das Angebot. Am Wochenende erwartet den Gast ein eigenes Überraschungs-Mittagsmenü. Last but not least seien hier die hausgemachten Limonaden erwähnt – erfrischend und belebend!

Köstlich

Köstlich – das ist nicht nur Name, sondern Programm. Ob ins Büro importiert oder gleich vor Ort genossen, Köstlich-Erzeugnisse machen die Mittagspause definitiv zu einem Erlebnis. Ein wöchentlich wechselnder Speiseplan mit Wahlmöglichkeiten sorgt für Abwechslung. Angeboten werden vegetarische und vegane Gerichte mit österreichischem, mediterranem und orientalischem Einschlag. Auch Suppen, bunte Salatvariationen und fruchtige Nachspeisen stehen am Programm. Wer mittags also nicht nur wohlschmeckende, sondern auch gesunde Speisen zu relativ günstigen Preisen sucht, ist im Köstlich genau richtig.

KÖSTLICH
Färbergasse 8
1010 Wien
www.koestlich.biz

makro1

Fleischlos am Fleischmarkt – besser hätte man das Motto des Lokales makro1 nicht treffen können. Wer sucht, der findet hier fleischlose,

MAKRO1
Fleischmarkt 16
1010 Wien
www.makro1.at

vegane und gesunde Kost vom Feinsten und obendrein eine kuschelige Ruheoase inmitten der geschäftigen City.

Im makro1 kann man Kräfte tanken, in familiärer Atmosphäre vegane Bio-Mittagsmenüs genießen, im gut sortierten vegetarischen Bioladen einkaufen oder sich einfach nur einem heißen Kaffee und einem Stück hausgemachter, veganer Torte zuwenden. Sogar eine Leseecke gibt es hier. Wohnzimmerverdächtig gemütlich!

Saladbox

SALADBOX
Färbergasse 10
1010 Wien
www.saladbox.at

Genug vom ewig gleichen Weckerl zum Mittag? Das kleine Lokal Saladbox bietet abwechslungsreiche Salate und warmes Mittagessen in verschiedenen Größen zum Mitnehmen oder gleich genießen. Ob er seinen Salat selbst zusammenstellt oder doch eine fertige Box bevorzugt, wählt der Gast selbst. In Bezug auf die Speisen gilt hier das Motto: Vegetarisch ist alles, vegan sehr viel. Gekocht und angerichtet wird mit frischen, regionalen Produkten und Granderwasser. Für alle, die sich mit gutem Gewissen einen Traum-Salat selbst gestalten möchten, ist die Saladbox also definitiv eine Adresse.

TIAN restaurant

TIAN RESTAURANT
Himmelpfortgasse 23
1010 Wien
www.tian-vienna.com

Stilsicher, edel und unkonventionell kreativ präsentiert sich das Lokal Tian im ersten Bezirk. Die vegetarischen bzw. veganen Speisen überzeugen mit eleganter Gestaltung, höchster Qualität und Nachhaltigkeit. Hier ist Kulinarik

TIAN restaurant
Foto: © Jürgen Hammerschmid

nicht nur ein Gaumengenuss, sondern auch ein wahrer Augenschmaus.

Das TIAN bezieht seine Rohstoffe, die möglichst biologisch, nachhaltig und fair erzeugt werden, vorwiegend aus der Region, aber auch aus der eigenen Bio-Gärtnerei in Kärnten. Es werden ausschließlich naturbelassene Salze und reine Gewürze von den besten Lagen der Welt verwendet. Das Wasser wird im ganzen Haus nach dem Grander-Prinzip belebt. Dass das Tian nichts für die kleine Geldbörse ist, versteht sich von selbst. Die Preise sind deutlich gehoben. Für Küche auf derartigem Niveau aber durchaus gerechtfertigt, denn immerhin ist das TIAN restaurant mit 3 Hauben und 1 Stern das beste vegetarische Restaurant Europas.

yamm!

YAMM!
Universitätsring 10
1010 Wien
www.yamm.at

Das vegetarische Lokal yamm! überzeugt mit einem mutigen, innovativen Konzept, das die Latte für Nachhaltigkeit in der Gastronomie weit nach oben legt. Trendy eingerichtet in Weiß, Magenta und Grün, geräumig und modern angelegt, unterscheidet es sich grundlegend von anderen Lokalen seiner Art. Das yamm! glänzt, leuchtet, strahlt – keine Spur von schmuddelig oder langweilig. Bezahlt wird übrigens nach Gewicht der Speisen, die man sich vom großzügigen wie einfallsreichen Buffet holt. Bunte Punkte kennzeichnen die einzelnen Gerichte als vegan, laktose- bzw. glutenfrei oder scharf.

Cuchina

CUCHINA –
DIE LEBENSKÜCHE
Lilienbrunngasse 3
1020 Wien
www.cuchina.at

Das Cuchina in der Nähe des Schwedenplatzes ist eine ideale Anlaufstelle für alle, die in der City vegetarisch oder vegan frühstücken oder mittagessen wollen. Auch wenn das Lokal nicht gerade groß ist, besticht es doch mit liebenswertem Charme und ökologisch nachhaltiger Küche. Neben dem originellen wie bodenständigen Frühstücksangebot gibt es auch ein täglich wechselndes dreigängiges Mittagsmenü. Eine im Lokal geführte Bio-Greißlerei erlaubt es dem Gast, auch gleich ein paar feine Zutaten zum Selberkochen mitzunehmen.

Falaferia

In die Falaferia kommt man immer wieder gerne zurück, denn gesundes Snackiges gibt es in

Wien viel zu wenig, neben den Würstel-, Pizza- und Dönerständen. Das Konzept ist einfach. Schritt 1: Pitabrot auswählen. Schritt 2: Falafel kommen hinein. Schritt 3: Pita selber mit Salat und Saucen vollstopfen. Schritt 4: Genießen. Auch wenn das Ambiente unauffällig wirkt, so sind die Speisen alles andere als das. Am Salatbuffet ist alles knackig, Saucen und Füllungen werden frisch zubereitet. Und für alle, die es noch nicht wussten: Das Angebot der Falaferia ist fast durchgehend vegan. Eine gesunde Jausenstation mit Suchtfaktor.

FALAFERIA
Taborstraße 38
1020 Wien
www.falaferia.at

Harvest

Wer einen schönen Sonntag verleben oder die letzte Nacht kurieren will, der braucht nicht nur Sonnenschein und gute Freunde, sondern auch viel Energie. Genau letzteres findet man im Café Bistrot Harvest. Das Harvest ist ein fast rein veganes Lokal, in dem man sich wohl- fühlt und ungehemmt genießt. Keine Spur von langweilig oder fad. Lecker ist angesagt, und das in familiär-schickem Ambiente. Besonderer Tipp: der allsonntägliche Brunch im Harvest. Auch Nicht-Veganern wird hier nichts fehlen, so ergiebig ist das kreativ zusammenge- stellte Buffet. Und: Es lohnt, sich, das RührErei, eine Spezialität des Hauses, zu probieren.

HARVEST
Karmeliterplatz 1
1020 Wien
www.harvest-bistrot.at

nelke

Feines Frühstück, bunt zusammengewürfeltes Vintage-Mobiliar und entspannte alternative wie

NELKE
Volkertmarkt Stand 38-39
1020 Wien
www.nelke.at

berlineske Atmosphäre locken den geneigten Ganztagsfrühstücker ins Café nelke am Volkertmarkt. Denn bunt wie das Lokal ist das Speisenangebot. Neben vorgegebenen Frühstücksvarianten werden hier auch »Extrawürschtel« in Form von Pitas, Guacomole, Melanzani-Aufstrich oder frisch gepresstem Saft angeboten.

Im Sommer ist der liebevolle, offen und blütenreich gestaltete Gastgarten ein Anziehungspunkt, im Winter sitzt es sich drinnen bequem. Fazit: Ein Abstecher zum Volkertmarkt lohnt sich bestimmt.

TIAN bistro

TIAN BISTRO
Weißgerberlände 14
1030 Wien
www.kunsthaus.tian-bistro.com

Wiener Lebensfreude trifft lässiges New York Feeling: Eisentreppen, luftiges Loft-Ambiente, drinnen wie draußen ein kreatives Chaos aus grünem Dschungel, schwarz-weißen Fliesen, Kunst und Lebenslust – Wien hat einen neuen place-to-be. Das TIAN bistro im Kunst Haus Wien lockt mit zauberhaften Innenräumen und Schanigarten, doch auch die Kulinarik ist famos: Mit einer Duftmelange aus Flammkuchen und Gratins lässt der Küchenchef den Gästen das Wasser im Mund zusammenlaufen, außerdem gibt es saisonale Gerichte und Schmankerln aus der internationalen und Wiener Küche. Und das Beste: Hier wird völlig fleischfrei gekocht!

Vegetasia

Das bekannte taiwanesische Lokal Vegetasia überzeugt mit frischer und abwechslungsreicher vegetarischer und veganer Küche. Für viele Wiener schon lange eine Institution in Sachen pflanzliche Genüsse, hat das Vegetasia seinen Ruf als ausgezeichnete Anlaufstelle für Gemüsehungrige wirklich verdient.

Hier kann man sich abseits klassischer vegetarischer Speisen auch an veganen Nachbildungen von typischen Fleischgerichten laben, sei es Backhuhn, Ente oder Ripperl. Geboten werden neben Mittagsmenü und All You Can Eat Buffet auch luxuriösere Spezialmenüs für zwei oder mehr Personen. Eine Spitzenadresse!

VEGETASIA
Ungargasse 57
1030 Wien
www.vegetasia.at

Die Süße

In ihrer kleinen Backstube im Vierten bereitet die Süße traumhafte Cupcakes, Tartes, Kekse und Kuchen zu – und das vegan, gluten- und

Die Süße

DIE SÜSSE
Phorusgasse 8
1040 Wien
www.diesuesse.at

laktosefrei. Wer hier vorbeischaut, bleibt meist auch gerne auf einen Kaffee, ein Törtchen und ein Pläuschchen.

Interessenten an der veganen Backkunst können hier übrigens auch direkt bei der Meisterin Unterricht nehmen und einen Backkurs besuchen. Willkommen sind Groß und Klein. Und dann gäbe es da noch etwas: Die Kindergeburtstagsfeiern bei der Süßen. Kreativ designte Torte, gute Laune und Platz für einen Haufen Schulfreunde – top für kleine Schleckermäuler!

Curry Up!

CURRY UP!
Gußhausstraße 19
1040 Wien
www.curryup.at

Von außen nicht auffälliger als ein Schnellimbiss, überzeugt das Curry Up! doch mit gutem Konzept und außergewöhnlich authentischer sri-lankischer und südindischer Küche. Besonders für ein schnelles Mittagessen oder einen Snack zwischendurch ist es eine empfehlenswerte Adresse. Auch wenn das kühl-billige Ambiente, das ein wenig an Fast Food erinnert, nicht zum Bleiben einlädt – die Speisen überzeugen. Viele Gerichte sind vegetarisch oder vegan. Für all jene, die lieber zu Hause essen oder im Büro festhängen, betreibt das Curry Up! auch einen Zustelldienst.

Fein Essen

FEIN ESSEN
Wiedner Haupstraße 19
1040 Wien
www.feinessen.at

Auf der Suche nach dem schnellen, gesunden und veganen Mittagessen? Da ist Fein Essen eine gute Adresse. Das neu übernommene Lokal in der Wiedner Hauptstraße ist zwar

Fein Essen

recht klein – nur acht Sitzplätze gibt es drinnen – doch eigentlich ist das Fein Essen ohnehin eher als Take-Away konzipiert. Um die Mittagszeit kann es hier mitunter auch ganz schön geschäftig zugehen.

Jeden Tag gibt es mindestens ein veganes Gericht, der Rest ist größtenteils vegetarisch. Ein kleines Angebot an Suppen, Salaten, Kaffee und Desserts ergänzt das Mittagessen. Geöffnet ist werktags von 11:30 bis 16:00 Uhr.

Frühstück & Mittags bei mir

Das kleine Lokal bietet eine Frühstücksbesonderheit, die vor allem im Winter herrlich von Innen wärmt: Getreidebrei. Die Zutaten für diese und andere Köstlichkeiten werden von

FRÜHSTÜCK &
MITTAGS BEI MIR
Wiedner Hauptstraße 31
1040 Wien
www.frühstückbeimir.com

der Besitzerin sorgfältig ausgewählt. So etwa kommen nur erlesene Getreidesorten in den Brei, Obst wird von bekannten Bauern bezogen, statt Zucker verleihen Ahornsirup oder Reismalz den Gerichten Süße.

Jeden Tag gibt es ein frisches, gesundes Mittagessen, das zumindest zwei Mal wöchentlich auch vegan ist. Wem dann noch nach Einkaufen ist, der kann im angrenzenden Naturkostladen gleich noch ein paar Zutaten für eigene Küchenexperimente mitnehmen.

blueorange

BLUEORANGE
Margaretenstraße 9
1040 Wien

Alserbachstraße 1
1090 Wien

Das blueorange ist ein Lokal, das sich ganz und gar der Nachhaltigkeit verschrieben hat. Von der Stromversorgung über die 2Go-Becher bis hin zu den Zutaten ist hier alles umweltbewusst und fair. So auch der Kaffee, der aus biologischen und fair gehandelten Bohnen zubereitet wird und herrlich schmeckt.

Neben leckeren Heißgetränken gibt es hier aber auch Bagel zum Verlieben – von pikant über vegan bis ausgefallen kommen sie in allen Formen und Geschmacksrichtungen vor. Und auch vom Ambiente her lässt es sich hier gut aushalten: im Winter drinnen, im Sommer entspannt draußen im Freien. Definitiv einen Besuch wert!

Mr & Mrs Feelgood

Gesund genießen und sich nachher gut fühlen? Genau das ist das Motto von Mr & Mrs Feelgood. Ins Leben gerufen wurde das

innovative Restaurant von Josef Pungersek und Ernährungstrainerin Pia Ahorner.
Sie ersetzen die obligate mittägliche Wurstsemmel durch gesunde Sandwiches und statt Cola und zuckriger Energydrinks gibt es hier fruchtige Smoothies, die einem so richtig den Vitaminkick für den Tag geben. Es wird auch warm gekocht. Ob vegan, vegetarisch, gluten- oder laktosefrei, für jeden Ernährungstyp gibt es eine breit gefächerte Auswahl an vitalen Speisen. Alles auch zum Mitnehmen.

MR & MRS FEELGOOD
Paniglgasse 22
1040 Wien
www.mrandmrsfeelgood.at

Rupp's Pub

Von außen ist das Rupp's ein gewöhnliches Pub. Auch innen: Rustikales dunkles Mobiliar, ein Flaschenwald an der Theke, gedämpftes Licht.

RUPP'S PUB
Arbeitergasse 46
1050 Wien
www.rupps.at

Erst der Blick in die Speisekarte macht stutzig, denn hier ist alles vegetarisch und fast alles vegan. Dass pflanzliche Küche nicht unbedingt gedünstetes Gemüse sein muss, beweisen die deftig-schmackhaften Pub-Kreationen. So bekommt man hier etwa herrliche vegane Burger und würziges Chili sin Carne. Übrigens, eingefleischte Whiskeyliebhaber kommen im Rupp's ganz besonders auf ihre Kosten: Erstaunliche 724 Sorten des »lebensspendenden Wassers« werden hier angeboten.

Formosa

FORMOSA
Barnabitengasse 6
1060 Wien
www.formosa.at

Freunde veganer und vegetarischer asiatischer Küche werden sich im Formosa gut aufgehoben fühlen: Neben einer Vielzahl an kreativen Gerichten wird hier vor allem eines geboten – freundliche Atmosphäre. In Frühling und Sommer lockt der kleine Schanigarten. Das Formosa ist aber weit mehr als nur ein Lokal, in dem es sich hervorragend vegetarisch und vegan speisen lässt. Der angrenzende kleine Supermarkt bietet alles, was Veganer zum Kochen benötigen: So erhält man hier etwa diverse Sojaprodukte sowie Fleisch- und Fischersatz in allen möglichen Varianten. Auch vegane Süßigkeiten werden angeboten – wie es sich für einen verlässlichen Nahversorger gehört.

Hollerei Bistro im Maran Vegan

Maran Vegan und Hollerei – was beide eint, ist nicht schwer zu erkennen. Das dachten sich auch die Betreiber des Maran und integrierten die Genüsse der Hollerei mit einem praktischen Bistro direkt in ihren Supermarkt.

Erhältlich sind hier Speisen von gewohnt solider Hollerei-Qualität. Das bedeutet: Garantiert hochwertige Zutaten, tolles Frühstück, leckere Snacks, schmackhafte Mittagsmenüs und köstliche vegane Süßigkeiten.

Frisch und lebendig, mit viel Holz und Grün, wirkt auch das Ambiente des an den Supermarkt angrenzenden Bistros. Selbst eingefleischte Vegan-Skeptiker werden überzeugt sein!

HOLLEREI BISTRO IM MARAN VEGAN
Stumpergasse 57
1060 Wien
www.maranvegan.at/
content/bistro

Nam Nam

Das indische Lokal Nam Nam besticht durch unaufdringliches, kitschfreies Interieur sowie klassische indische Küche von solider Qualität. Auch vegetarische Speisen werden reichlich angeboten, alle davon sind veganisierbar. Im Sommer lockt ein gemütlicher Gastgarten, im Winter ist es drinnen gemütlich.

Als gelungene Mischung aus Moderne und Tradition ist das Lokal ideal für einen Abend zu zweit oder mit Freunden. Um sich durch die Karte zu kosten, am besten gleich mehrere Speisen bestellen und diese dann teilen. Unbedingt reservieren – es gibt nicht allzu viele Tische.

NAM NAM
Webgasse 3
1060 Wien
www.nam-nam.at

Nat'naa

Vorzügliche vegetarische und vegane äthiopische Küche gibt es im Nat'naa unweit der

NAT'NAA
Esterhazygasse 31
1060 Wien

Mariahilfer Straße. Einladend und fröhlich strahlt einem das in sonnigem Gelb gehaltene Lokal entgegen. Gekocht wird hier von der Chefin selbst, die aus Äthiopien stammt.

Am Programm stehen vorwiegend Eintöpfe (Stews) und Suppen, doch auch Salate, erfrischende Smoothies und erlesener jamaikanischer Kaffee, der von einem befreundeten Bio-Bauern angebaut wird.

Warum also nicht den nächsten Kinobesuch, den nächsten Einkaufsbummel oder die nächste sommerliche Klettersession am Flakturm mit einem Besuch im Nat'naa beenden?

nice rice

NICE RICE
Mariahilfer Straße 45
1060 Wien
www.nicerice.at

Gesund und köstlich essen abseits von Hektik und Stress kann man im nice rice, einem kleinen aber feinen vegetarischen Café mit indischem und persischem Einschlag. Nur einen Katzensprung von der Mariahilfer Straße entfernt, versteckt im Raimundhof, bietet es Entspannung und vor allem exzellente ayurvedische Küche.

Neben einem täglich wechselnden vegetarischen Mittagsmenü werden hier auch frische vegane Mehlspeisen serviert. Dazu gibt es Kaffee, Tee und saisonabhängig auch originelle hausgemachte Limonaden und Teevariationen. Gespeist und getrunken wird bei gemütlicher Wohnzimmer-Atmosphäre oder sommers im lauschigen Gastgarten. Was will man mehr?

Suppito

Die Suppen in diesem Take-Away werden nach der alten chinesischen 5-Elemente-Lehre zubereitet. Jede Suppe hat so ihre eigene wohltuende Wirkung auf den Körper. Das Sortiment ist bunt, abwechslungsreich und zu einem großen Teil vegan. Neben Suppen werden auch Eintöpfe und Nachspeisen geboten.

Für alle Bequemen betreibt das Suppito auch ein Bestellservice. Die Gerichte werden in Glasbehältern geliefert und sind gekühlt auch noch mehrere Wochen haltbar. Wer sich also beim Bestellen nicht entscheiden kann, sorgt am Besten gleich vor für harte Zeiten und legt sich einen Suppito-Vorrat an.

SUPPITO
Girardigasse
1060 Wien
www.suppito.at

Feldberg

Das Feldberg ist ein vegetarisches Bio-Restaurant mit Mittags- und Frühstücksbetrieb. Elegant in warmen, gedämpften Farben gehalten, strahlt das gemütliche Lokal jene Natürlichkeit aus, die sich auch auf dem Teller wiederfindet.

Unter der Woche ist das Feldberg eine praktische Adresse für eine Mittagspause oder ein Plauder-Lunch mit Freunden. Da immer frisch gekocht wird, beschränkt sich die Auswahl zwar auf wenige Gerichte, doch das ist zu verschmerzen. Ob Wochengericht, Tagesgericht oder auch nur Suppe und Salat, es schmeckt. Tipp: Am Wochenende verwandelt sich das Feldberg in ein vegetarisches Brunch-Paradies.

FELDBERG
Westbahnstraße 21
1070 Wien
www.feldberg.at

Easy Going Bakery

EASY GOING BAKERY
Burggasse 20
1070 Wien
www.facebook.com/
Easygoingbakery

Easy Going Bakery

Seit Februar 2014 ist die Burggasse durch ein kleines, feines Geschäft für herzhafte Leckereien und Kaffeegenuss reicher. Hier zaubert Inhaberin Sonja immer wieder neue Kreationen von Cupcakes, Muffins und Cakepops. Heiß begehrt sind etwa Feige-Himbeer-Cupcakes oder Powidl-Muffins.

Für die zu 100% laktosefreien Süßigkeiten werden vor allem regionale und saisonale Zutaten verwendet, viele Kreationen sind zudem vegan, glutenfrei oder sojafrei. Der gute Kaffee und die unbeschwert-gemütliche Atmosphäre machen den Besuch in der Easy Going Bakery endgültig zu einem lohnenden Unterfangen.

Marks / Foto: © Marks

Marks

Vogelgezwitscher mitten in der Neustiftgasse? Das kann ja wohl nur der Lockruf für ein Frühstück im Restaurant Marks sein! Und tatsächlich: Auf einem Kamin zwischen Palmenblättern, Möbelknöpfen und avantgardistischen Kugellampen sitzt ein knallblaues Vögelchen und quiekt aufgeregt von Walnussbrot, Olivenhummus und Grilltomaten. Die Auswahl ist kreativ, das Interieur durchdesignt und originell, die Qualität der Speisen hoch. Spätaufsteher und Ganztagsfrühstücker werden sich außerdem freuen, dass es für die erste (oder zweite, oder dritte) Mahlzeit des Tages im Marks keine zeitlichen Einschränkungen gibt.

MARKS
Neustiftgasse 82
1070 Wien
ww.restaurant-marks.at

Govinda

GOVINDA
Lindengasse 2
1070 Wien
www.govinda.at

Auf der Suche nach einer Ruheoase im Alltagsstress? Bei Govinda findet man indische Wohn- und Wohlfühlaccessoires, die Harmonie ins Leben bringen. Warme Farben, gemütliches Mobiliar und ein behagliches Raumklima laden zum Verweilen ein und regen den Appetit an. Denn mittags wird im Govinda ayurvedisch gekocht. Mit frischem Gemüse, viel Achtsamkeit und orientalischen Gewürzen wird ein leckeres, fleischloses Tagesmenü gezaubert. Als Nachtisch gibt es hausgemachtes indisches Konfekt und Mango-Lassi. Wohlschmeckend und wohltuend!

Landia

LANDIA
Ahornergasse 4
1070 Wien
www.landia.at

Geräumig, hell und mit viel Liebe eingerichtet, zählt das Restaurant Landia wohl zu den liebenswertesten Exponenten seiner Art. Von gemütlichem Öko-Flair zeugen auch die Leseecke und der kleine Schanigarten, der im Sommer in Betrieb genommen wird. Kulinarisch bewegt sich das Landia frei zwischen allen Grenzen, vegetarisch und vegan ist hier jedoch alles – selbst der Zwiebelrostbraten. Neben den Hauptspeisen werden herrlich wärmende Suppen, Salate und vegane Kuchen geboten, allesamt sehr wohlschmeckend. Wer immer noch fest davon überzeugt ist, dass zu einer vollwertigen Mahlzeit Fleisch gehören muss, wird hier eindrucksvoll eines Besseren belehrt.

Naturkost St. Josef

Der Bioladen St. Josef ist praktischer Nahversorger und vegetarisches Restaurant zugleich.
Von Anrainern geschätzt als Vertreiber von
Bio-Produkten aus der Region, ist der Laden
gleichermaßen beliebt unter gesundheitsbe-
wussten Frühstücksfreunden.
Um die Mittagszeit bietet Naturkost St. Josef
ein umfangreiches vegetarisches Buffet. Ein
Salatbuffet, eine einladende Getränkebar mit
frisch gepressten Säften sowie selbstgemachte Kuchen runden das solide Angebot ab.
Sämtliche Snacks und Speisen können auch
mitgenommen werden – etwa die veganen
Kebabs, die garantiert auch Fleischessern
munden werden!

NATURKOST
ST. JOSEF
Zollergasse 26
1070 Wien

Dancing Shiva Superfoods – Bio
Raw Vegan

Bei Dancing Shiva Superfoods gibt's
biologisch-vegane Spezialitäten mit Superfoods, den stärksten und nährstoffreichsten
Lebensmitteln der Welt. Von Gojibeeren bis
hin zu Maca und rohem Kakao – hier wird man
nicht nur satt, sondern nebenbei auch gleich
mit reichlich Vitalstoffen versorgt. Und damit es
all die wertvollen Inhaltsstoffe auch bis auf den
Teller schaffen, wird alles in Rohkostqualität zubereitet. Das breite Angebot umfasst Suppen,
Snacks, Hauptspeisen und Desserts sowie
ein Mittagsmenü – alles übrigens auf Anfrage
auch gerne warm serviert. Abgerundet wird die

DANCING SHIVA
SUPERFOODS – BIO
RAW VEGAN
Neubaugasse 58
1070 Wien
www.dancingshiva.at

Dancing Shiva Superfoods – Bio Raw Vegan / Foto: © Dancing Shiva Superfoods

Auswahl durch Supersmoothies, Kakaoelixiere, Tees, Fairtrade Kaffee und histaminfreie vegane Weine. Dancing Shiva – ein Ort zum Träumen und Genießen, voll von positiver Energie.

Xu's Cooking

XU'S COOKING
Kaiser Straße 45
1070 Wien
www.xuscooking.at

Xu's Cooking bietet vegane und vegetarische asiatische Küche, die im 7. Bezirk ihresgleichen sucht. Das Ambiente ist freundlich und typisch asiatisch, die schmackhaften Gerichte originell und liebevoll angerichtet. Stößt man in der Karte auf Fleisch und Fisch, so braucht man nicht zu erschrecken – vegan ist hier nämlich fast alles, bis hin zur knusprigen Ente. Besonders empfehlenswert ist das ausgiebige Mittagsbuffet, das so manchem schon die

Mittagspause schmackhafter gemacht hat. Im Sommer steht den Besuchern außerdem ein hübscher Gastgarten zur Verfügung.

Veganista Ice Cream

Eis enthält tonnenweise Schlagobers? Eis gibt's nur im Sommer? Dass es auch anders geht, beweist das vegane Eisgeschäft Veganista in der Neustiftgasse. Denn hier gibt es das ganze Jahr über kreative Eissorten aus natürlichen Zutaten. Über die Eisgenüsse hinaus ist Veganista ein herzlicher Familienbetrieb, der liebevoll seine Kunden bedient. Die Mitarbeiter sind niemals zu müde, interessierten Schleckermäulern die Inhaltsstoffe der veganen Eiscreme zu erklären. Ein neues Zeitalter des Eisgenusses hat begonnen!

VEGANISTA
Neustiftgasse 23
1070 Wien
www.veganista.at

VEGANISTA II
Margaretenstrasse 51
1050 Wien

Veganista / Foto: © Veganista

Curry Insel

CURRY INSEL
Lenaugasse 4
1080 Wien
www.curryinsel.at

Wer in Wien wohnt, muss zumindest einmal in der Curry Insel gegessen haben, denn es gibt Gerüchte, dass Wiener Curry nirgends so gut schmeckt wie hier. Die traditionellen Speisen aus Sri Lanka sind frisch und würzig zubereitet, die Auswahl in der Speisekarte vielseitig und abwechslungsreich. Weder Fans von wirklich scharfen Gerichten noch Vegetarier und Veganer kommen hier zu kurz.

Einmal im Monat gibt es Running Curry, wo wirklich alles verkostet werden kann. Kein Wunder, dass die Plätze auf der Insel immer heiß umkämpft sind und das Lokal voll mit genussfreudigen Besuchern ist. Eine klare Empfehlung!

Kräuterdrogerie

KRÄUTERDROGERIE
Kochgasse 34
1080 Wien
www.kräuterdrogerie.at

Die Kräuterdrogerie im 8. Wiener Gemeindebezirk ist mehr als bloß ein Geschäft für Gewürze, Tees und Gesundheitsratgeber. Hier wird Ayurveda mit Leib und Seele vermittelt. Geführt von einem kompetenten wie engagierten Team aus Drogistinnen und Köchinnen ist die Kräuterdrogerie so etwas wie eine Wohlfühloase mitten in der Stadt.

Ob zum Schmökern in veganen Kochbüchern, zum Stöbern zwischen zahllosen Kräuterteevariationen oder schlicht, um ein ausgewogenes, vegetarisches oder veganes Mittagsmahl zu genießen – hier bleibt man automatisch hängen.

Casa Piccola

Dass Pizza auch vegan hervorragend gelingen kann, wissen Kenner schon lange. Die Inhaber der Casa Piccola – ursprüngliche Chinesen aus Indien – sind in dieses Geheimnis eingeweiht. Die Casa Piccola, die bereits 1983 eröffnet wurde, hat daher seit 2014 einiges an Veganem im Repertoire. Ein herzhafter Bio-Dinkel-Vollkornteig kommt bei den Pizzen zum Einsatz – sehr zur Freude der Kundschaft.

Neben dem umfangreichen veganen Speisenangebot kredenzt die Pizzeria Casa Piccola auch vegane Weine und kräftigen Kaffee. Dazu einen Schuss Gemütlichkeit und eine Prise modernen Chic – fertig ist der perfekte italovegane Genuss!

CASA PICCOLA
Hernalser Gürtel 30
1090 Wien
ww.casa-piccola.at

Café Gagarin

CAFÉ GAGARIN
Garnisongasse 24
1090 Wien
www.cafegagarin.at

Geführt als Kollektiv, unter Berücksichtigung von Nachhaltigkeit, Verantwortung und Partizipation, hat sich das Kosmo-Café Gagarin zu einem Hotspot des alternativen Wien entwickelt. Auch kulinarisch ist es eine Bereicherung. Die einfache wie leckere Speisenauswahl überzeugt. Auf die biologisch nachhaltige Herkunft der verwendeten Produkte kann man sich verlassen. Alles in allem: Eine wertvolle Bereicherung für die Lokallandschaft im Umkreis der Uni. Hier lässt sich ein netter Abend in freundlicher, weltoffener Atmosphäre verbringen. Und vielleicht sogar ein bisschen philosophieren ...

Der Wiener Deewan

DER WIENER DEEWAN
Liechtensteinstraße 10
1090 Wien
www.deewan.at

Der Deewan ist zu einer wahren Institution im Viertel rund um die Uni Wien geworden. Was nicht nur an der guten und sättigenden, bodenständigen pakistanischen Küche liegt, sondern auch an dem sozialen Konzept, der entspannten Atmosphäre und den verspielten Details des Interieurs. Mittags lockt der Deewan mit einem reichen Buffet, drei der fünf angebotenen Curries sind vegan. Für das Essen bezahlt der Gast, was es ihm wert war. Wer nicht glaubt, wie gut ein solches Geschäftsmodell funktionieren kann, sollte dem Deewan einmal einen Besuch abstatten!

Dreiklang

Das Dreiklang ist ein alteingesessenes Bio-Restaurant, bei dem das Attribut »Bio« nicht bloß als geschäftsbringende Zierde verwendet wird. Die schmackhaften einheimischen wie mediterranen Speisen werden aus vollwertigen und hauptsächlich regionalen Produkten zubereitet. Viele der angebotenen Speisen sind außerdem vegetarisch und veganisierbar. Sowohl im Innenbereich als auch im kleinen Gastgarten präsentiert sich das Dreiklang harmonisch und gemütlich. Die Preise sind überaus fair. Eine abwechslungsreiche wie kulinarisch wertvolle Speisenauswahl überzeugt auch den letzten Zweifler.

DREIKLANG
Wasagasse 28
1090 Wien
www.3klang.info

Vegirant

Im Vegirant, dem ältesten vegetarischen Restaurant Wiens, steht Gesundheit im Mittelpunkt. Einfallsreiche, gesunde Kost genießen und entspanntes Einkaufen im dazugehörigen Reformhaus lassen sich hier praktisch kombinieren. Schon seit Jahren verwöhnt das Vegirant seine Besucher mit vitalstoffreicher, abwechslungsreicher Vollwertkost und frischen Lebensmitteln. Denn nach Vegirant-Philosophie gilt: »Du bist, was du isst«. Sowohl Vegetarier als auch Veganer werden hier finden, was sie suchen.

VEGIRANT
Währinger Straße 57
1090 Wien
www.vegirant.at

Weltcafé

Die ganze Welt in Wien, das verspricht das Weltcafé und zeigt sich seinen Gästen gemütlich, bunt und vielseitig wie kaum ein anderes Lokal. Nahe am Uni-Campus, lockt es sein überwiegend studentisches Publikum mit Frühstück, herrlichem Fair Trade Kaffee, Zotter Scho-

WELTCAFÉ
Schwarzspanier Straße 15
1090 Wien
www.weltcafe.at

kolade und köstlichen hausgemachten Speisen. Die Speisen im Weltcafé stammen aus biologischer Landwirtschaft und sind so vielseitig wie die Welt. Egal ob indisch, italienisch, türkisch, nepalesisch oder doch traditionell österreichisch – hier isst man immer vorzüglich, auch vegan. Das Weltcafé weiß seine Gäste zu verwöhnen.

Delishes

DELISHES
Gugigasse 11/301
1110 Wien

Das Gasometer in Simmering beherbergt viele Orte, an denen es sich speisen lässt. Aber vegetarisch und vegan, das findet man hier selten. Das geräumige wie vielseitige Lokal Delishes schafft Abhilfe und verhilft auch Veganern zu Aprés-Kino-Gaumenfreuden.
Die Speisekarte outet das Delishes als wahren Geschmacks-Tausendsassa: Neben italienischen und österreichischen Speisen werden hier nämlich auch asiatische Gerichte angeboten. Und was auf den Tisch kommt, ist frisch. Ob vegan, vegetarisch oder mit Fleisch – auf seine Kosten kommt hier jeder, der leichtes und abwechslungsreiches Essen zu schätzen weiß. Mittags und abends empfehlenswert!

Bio Bar Bruschette

BIO BAR BRUSCHETTE
Schönbrunner Straße 235
1120 Wien
www.biobar.at

Snacken geht auch ohne Fleisch: In unmittelbarer Nähe der U-Bahn Station Längenfeldgasse befindet sich die Bio-Bar Bruschette, die mit vegetarischen und veganen Snacks sowie Mittagsmenüs aufwartet. Die Spezialität des Hauses – wie könnte es auch anders sein – ist jedoch die

Zuckero / Foto: © Zuckero

italienische Bruschetta in ihren unterschiedlichsten Variationen. Je nach Geschmack gibt es sie mit Knoblauch, Kräutern, Gemüse, Mozzarella, aber auch mit Soja-Rahmsauce oder Tofu. Selbst gemachte vegane Kuchen und Nachspeisen machen das Angebot komplett.

Zuckero

Ein wahres Vorzeigeexemplar einer Pâtisserie. Im Angebot: Herrliches Eis in zahlreichen Sorten von Apfel-Zimt bis Rote Rübe oder Holunder; Torten, Cupcakes, legendär gute Charlotten und sämtliche ausgefallene Mehlspeisen-Kreationen. Auf Wunsch gestaltet Zuckero-Inhaber Zsolt Nagy auch detailreiche Torten und Cupcakes für spezielle Anlässe wie Geburtstage, Hochzeiten

ZUCKERO
Breitenfurter Straße 1
1120 Wien
www.zuckero.at

und Firmenfeiern. Und das alles noch biologisch, vegan und kunstvoll dekoriert. Originalität und professionell leckere Umsetzung garantiert!

Bio Paradies Naturkost

BIO PARADIES
NATURKOST
Altgasse 23a
1130 Wien
www.bioparadies.at

Nahe Schönbrunn, in der Altgasse, liegt ein kleiner, feiner Lebensmittelladen mit dem bezeichnenden Namen Bio Paradies. Verkauft werden hier Bio-Obst, Gemüse und Getreide aus dem Wald- und Weinviertel. Im Inneren findet sich aber auch ein nettes Bistro, wo man gut und erschwinglich vegan zu Mittag essen kann. Trotz der beschränkten Sitzmöglichkeiten im Lokal – nur drei Tische stehen zur Verfügung – ist die Atmosphäre freundlich und einladend. Täglich wird ein gesundes Mittagsmenü, bestehend aus Suppe, Hauptspeise und Salat, angeboten. Wer lieber der süßen Versuchung nachgeben möchte, kann aus einer Palette veganer Mehlspeisen wählen.

Kichererbse

KICHERERBSE
Speisinger Straße 38
1130 Wien
www.kichererbse.at

Mitten im schönen Hietzing befindet sich die Kichererbse. Besitzerin Elisabeth Müllner lernte noch das Handwerk der Fleischerei, entschied sich aber für ein vegetarisches Leben und verwandelte den elterlichen Fleischereibetrieb in jene fröhliche Oase der vegetarischen Vollwertkost, die Besucher heute vorfinden.
Ein großes Sortiment an Bio-Produkten sowie ein täglich wechselndes Mittagsmenü werden hier geboten. Ob Gemüse- oder Getreidelaibchen, leckere Kuchen oder fein gewürzte Sup-

pen: In der Kichererbse kann man sich ohne schlechtes Gewissen etwas genehmigen.

Arjuna

Ein heißer Tipp für Liebhaber der fleischlosen indischen Küche ist das Arjuna. Aus Gemüse, Linsen, Erdäpfeln, Soja und Co. werden hier nämlich wahre Geschmackserlebnisse gezaubert. Viele Speisen sind vegan oder können auf Wunsch vegan zubereitet werden.
Zum Ambiente: Der Schanigarten am Yppenplatz ist im Sommer wohl eines der gemütlichsten Platzerln in der Gegend. Im Winter locken leckere Heißgetränke und die Aussicht auf den Yppenplatz. Günstig ist das Arjuna noch dazu – also ideal gerade für Studenten.

ARJUNA
Payergasse 12
1160 Wien
www.arjuna.at

Yili – Vegetarische Spezialitäten

In der Millennium City, mitten unter einkaufswütigen Menschenströmen und leuchtenden Schildern, befindet sich eine vegetarische Insel. Das Ambiente ist irgendwo zwischen Asia-Imbiss und hipper Snackbar angesiedelt. Grellpink, mit lichtunterlegten Bildern der mannigfaltigen Gerichte und langgezogener Verkaufstheke präsentiert sich das Yili dem Besucher. Erhältlich sind vegetarische und großteils auch vegane Snacks und Menüs. Bagels, Salate, Suppen, Wraps werden für all jene geboten, die sich bloß schnell etwas zum Mitnehmen organisieren wollen. Auch einen Zustellservice betreibt das Yili. Einmal was anderes als die ewige Pizza.

YILI – VEGETARISCHE
SPEZIALITÄTEN
Wehlistraße 64
1200 Wien
www.yili.at

blueorange®

Besser Essen **Besser Leben**

... viele VEGANe Gerichte ... VEGANes Catering!

2 x in Wien
4., Margaretenstraße 9
9., Alserbachstraße 1

www.blueorange.co.at

SHOPPING GUIDE

Einkaufen ist an sich nicht schwer. Nur wenn es um Nachhaltigkeit und biologische Erzeugnisse geht, wird es scheinbar um einiges komplizierter. Guter Rat ist teuer: Wo bekommt man Bio-Gemüse frisch aus Österreich? Wo gibt es fair produzierte Naturkosmetik? Welche Supermärkte haben ein ökologisches Gewissen?

Wer sich darauf einlässt, kann Wien als Paradies für nachhaltiges Einkaufen kennenlernen. Und erleben, wieviel Raffinesse und Charme in jenen kleinen, feinen Geschäften steckt, die verantwortungsvoll an die Zukunft denken.

Wir haben kurz zusammengefasst, wo sich in Wien nachhaltig Genussvolles erstehen lässt. Umgangreiche Beschreibumgen der Shops findet ihr auf stadtbekannt.at.

BIOLÄDEN
Genug von der wässrigen spanischen Tomate? Wie wär's stattdessen mit einem g'schmackigen reifen Bio-Paradeiser aus Österreich?

Für Geschmacksexperten und umweltbewusste Einkäufer sind Bio-Läden nicht mehr aus Wien wegzudenken. Viele haben zudem Schwerpunkte gesetzt: Seien es nun hausgemachte Bio-Spezialitäten heimischer Bauern, ökologisch hergestellter Fair-Trade Kaffee oder naturbelassene Rohköstlichkeiten – das Gewissen lacht, und ebenso der Gaumen.

Firmann's Bauernkörberl

FIRMANN'S
BAUERNKÖRBERL
Neubaugasse 37/4
1070 Wien
www.firmanns-bauernkoerberl.at

Ein Name als Programm: Schon seit einiger Zeit verkaufen Andrea und Harald Firmann in ihrem Laden Weinviertler Bio-Spezialitäten. Liebevoll angerichtet in geflochtenen Körben strahlen dem Besucher hier die Äpfel entgegen. Auch die Brote und die Kuchen laden wahrlich zum Genuss ein. Nicht-Veganer kommen bei den erlesenen Käsesorten auf ihre Kosten.

Kein Wunder, denn her ist alles bio und das meiste regional. Importiert werden lediglich ein paar ausgewählte Fair-Trade-Produkte. Darüber hinaus kann man als Konsument bei Firmann's ganz einfach nachverfolgen, woher die Ware stammt. Ein schönes Gefühl!

Mani

MANI
Seidengasse 32
1070 Wien
www.mani.at

Bereits mehrfach ausgezeichnet und in vieler Munde sind die herrlichen Olivenprodukte von Mani. Vom nativen Bio-Olivenöl über eingelegte Oliven, Knoblauch, Kapern und Aufstriche bis hin zu veganen Bio-Kosmetikprodukten hat Mani allerhand Genuss zu bieten.

In der gesamten Produktionskette wird dem Prinzip der Nachhaltigkeit große Aufmerksamkeit zugemessen: Die Olivenbäume wachsen natürlich unter der Obhut griechischer Bauern, die für ihre Arbeit fair bezahlt werden. Chemische Düngemittel sind tabu, auch die Weiterverarbeitung der Oliven erfolgt nach ökologischen Prinzipien. Transportiert wird per Schiff und Bahn. Ein vorbildliches Konzept!

Naturkost Spittelberg

Ein breites und wahrhaft ergiebiges Angebot
an Bio- und Naturkostprodukten findet sich bei
Naturkost Spittelberg. Mit Gewissenhaftigkeit
widmet man sich hier der ökologisch vertret-
baren Herkunft diverser Lebensmittel, nach
Normen gekennzeichnet ist alles.
So kommt es, dass auch köstliche Raritäten
wie reines kaltgepresstes Kokosöl und diverse
Antipasti (getrocknete Tomaten, reisgefüllte
Weinblätter) einmal ganz Bio in den Rega-
len aufscheinen. Auch vegane Cevapcici,
verschiedene Tofus und Nusspasteten sind
hier aufzutreiben. Ein Kuriosum zum Schluss:
Naturkost Spittelberg verkauft sogar einen
abbaubaren Kaugummi aus natürlichem Latex.

NATURKOST
SPITTELBERG
Spittelberggasse 24
1070 Wien
www.naturkost-spittelberg.at

dazu Hofladen

Seit vier Generationen betreibt die Familie
Rohrauer ihren Bio-Hof im Burgenland und stellt
nach hauseigenen Rezepten Marmeladen, Sen-
fe, Sirupe und Pesti her. Damit auch die Wiener
etwas von den Köstlichkeiten haben, eröffnete
der Betrieb den dazu Hofladen mitten in der
Stadt. Neben den eigenen Produkten werden
hier auch frisches Obst, Gemüse, Brot und
Wein aus anderen Bio-Betrieben angeboten.
Außerdem kann man hier erleben, wie gelebte
Nachhaltigkeit aussieht: Sämtliche Verpackungen
sind recycelbar, und wenn abends noch Obst im
Körbchen liegt, so wird es nicht weggeworfen,
sondern zu leckerer Marmelade weiterverarbeitet.

DAZU HOFLADEN
Liechtensteinstraße 73
1090 Wien
www.dazu.at

Sonnentor

SONNENTOR
Landstraßer Hauptstraße 24
1030 Wien
www.sonnentor.at

Dem Waldviertel entsprungen, verpflichtet sich Sonnentor seit fast einem viertel Jahrhundert dazu, Tee-Variationen, Kaffee, Öle und Gewürze höchster Qualität anzubieten und damit auch ökologischen Anbau zu fördern. Etwa 150 Bauern produzieren derzeit für Sonnentor, bei Importware wird auf soziale Standards und Nachhaltigkeit geachtet.

In Wien sind Sonnentor Artikel mittlerweile in mehreren ausgewählten Bioläden und fast allen Apotheken erhältlich – die volle Auswahl gibt es aber nur im Sonnentor Shop. Ruhig und behaglich ist die Atmosphäre, die Luft durchzogen von zarten Teearomen – kann man noch entspannter einkaufen?

Weltladen

WELTLADEN
Schwarzspanier Straße 15
1090 Wien
www.weltlaeden.at

Die Weltläden haben die Fair-Trade Bewegung in Österreich von Anfang an mitgetragen. Heute ist aus den kleinen Pionieren eine große Gemeinschaft geworden: 91 Weltläden gibt es im Land, sechs davon in Wien. Im Mittelpunkt stehen nicht nur die qualitativ hochwertigen Produkte, von Lebensmitteln über Schmuck und Kunsthandwerk bis hin zu Mobiliar, sondern die Arbeit und die Menschen, die dahinter stehen. Denn sie werden fair entlohnt – alles andere als eine Selbstverständlichkeit in unserer Gesellschaft. Tipp: Nach dem Einkaufen ab ins nebenan befindliche Weltcafé mit seinen fair gehandelten Kaffee- und Kakaospezialitäten.

Biofeld

Biofeld ist Bio-Betrieb, Großhändler und Einzel-
handelskette zugleich. In der geräumigen, gut
sortierten Wiener Filiale in der Augasse findet
der Bio-Freund was er sucht, und noch viel
mehr. Vegane Produkte werden in großer Zahl
angeboten, Naturkosmetik und Bio-Haushalts-
waren ergänzen das Sortiment.
Besonders positiv anzumerken ist die Anti-
Überfluss-Policy des Ladens. Was ausverkauft
ist, ist eben ausverkauft. Ein guter Weg, dem
Wegwerfwahn beizukommen. Die meisten
Obst- und Gemüsesorten sind nur zu ihren tat-
sächlichen Reifezeiten erhältlich – importiert wird
so wenig wie möglich. Fazit: Vorbeischauen!

BIOFELD
Augasse 11
1090 Wien

Fasangartengasse 20-24
1130 Wien
www.biofeld.co.at

Lebenswert

Der feinsinnige Feinkostladen Lebenswert versteht sich nicht als Geschäft im traditionellen
Sinne. Viel eher gleicht das kooperative Projekt
Lebenswert einem öffentlichen Wohnzimmer, in
dem man eben auch einkaufen kann.
Im Mittelpunkt des kulinarischen Angebots ste-
hen die Grünen Smoothies: Diese vitamin- und
proteinreichen Gesundheitsbomben werden
aus Blättern, Obst und speziellem Kangen-
Wasser zusammengemixt. Aber auch andere
Angebote kommen nicht zu kurz. Von erle-
senen Weinen über Rohkost und heimische
Marmeladen bis hin zu liebevoll bestickten
Textilwaren reicht das umfangreiche Sortiment.

LEBENSWERT
Krottenbachstraße 90-92
1190 Wien
www.lebenswert-wien.at

TüWis Hofladen

TÜWIS HOFLADEN
Peter-Jordanstraße 76
1190 Wien
tuewi.action.at

Der TüWi-Hofladen verdankt seine Existenz dem Engagement zahlreicher AktivistInnen, die ihn als nachhaltiges Projekt ins Leben gerufen haben. Das Ziel: Die Umgebung mit dem täglichen Bedarf an regionalen, biologischen und fair gehandelten Lebensmitteln zu versorgen. Frisches Brot, Zucker, Kaffee und kleinere Snacks sind hier ebenso erhältlich wie saisonal variierende Obstsorten und Gemüse. Rabatte beim Einkauf gibt es für Studierende und alle, die sich aus sozialen Gründen keine Bio-Lebensmittel leisten könnten, etwa Arbeitslose, AsylwerberInnen oder Zivildiener. Vorbildlich fair!

REFORMHÄUSER

Es ist nicht einfach, durch und durch bewusst und gesund zu leben. Eine kleine Abhilfe schaffen hier die zahlreichen Wiener Reformhäuser. Unerlässlich sind sie besonders für Veganer und Menschen, die im täglichen Leben natürliche Produkte abseits von Massenware suchen.

Ob nun im Bereich gesunde Lebensmittel, Kosmetika oder Arzneien gegen diverse Wehwehchen – hier geht man mit der Natur. Und sorgt dafür, dass sich Körper und Seele rundum wohlfühlen können.

Staudigl Reformhaus

STAUDIGL
REFORMHAUS
Wollzeile 25
1010 Wien
www.staudigl.at

Der Familienbetrieb Staudigl kann bereits auf eine lange Erfolgsgeschichte zurückblicken und gewann für das Jahr 2013 sogar die Auszeichnung »Reformhaus des Jahres«. Hier stimmt einfach alles: Elegantes Interieur, vielseitiges Angebot an Bio-Genussprodukten und Naturkosmetika und fachkundige Beratung durch ausgebildete Drogistinnen überzeugen. Um dem kleinen Appetit beizukommen, wurde im Reformhaus auch eine gesunde Imbiss- und Saftbar eingerichtet, an der sich der Besucher mit feinen Salaten, Müslis, Hauptspeisen, Desserts und natürlich Säften versorgen kann.

Reformhaus Völkl

REFORMHAUS VÖLKL
Landstraßer Hauptstraße 23
1030 Wien
www.reformhaus-völkl.at

Das traditionsreiche Reformhaus Völkl überzeugt mit umfassendem Angebot und solider Qualität. Man fühlt sich wie in einer überdimensionalen Apotheke, wird freundlich und fachgerecht beraten. Bio-Lebensmittel stehen hier neben pflanzlichen Arzneien, Heilkräutern und Naturkosmetikprodukten aller Art. Eine Besonderheit des Hauses ist das Arganöl aus Marokko, das mit seinem charakteristisch nussigen Geschmack diverse Speisen zu veredeln versteht.

Mittags lädt das Reformhaus unter dem Motto »Gesund schlemmen« zu Tisch. Täglich frisch gekochte fleischlose Menüs bringen Abwechslung. Für eine vegane Variante ist immer gesorgt.

Reformhaus Wallner

Seit 1980 vertreibt das Reformhaus der Familie Wallner Naturprodukte von bewährter Qualität. Ob Kosmetik, Genusswaren oder Gesundheitsartikel – nachhaltige und faire Herstellung sind hier selbstverständlich. Namhafte Marken wie Sonnentor und Weleda findet man hier ebenso wie Khadi Naturprodukte aus Indien oder burgenländischen Bio-Wein.

Hungrige Mägen erfreut das Angebot aus dem Bio-Bistro. Täglich kommen frische vegetarische und vegane Speisen auf den Tisch. Auch für Suppen, Salate, Desserts, Snacks und Kaffee ist bestens gesorgt. Tipp für Interessierte: Das Reformhaus Wallner veranstaltet auch Kochkurse, Thementage sowie informative Vorträge.

REFORMHAUS WALLNER
Wiedner Hauptstraße 66
1040 Wien
www.reformhaus-wallner.at

Reformhaus Buchmüller

Will man sich etwas wirklich Gutes tun, dann sollte man im Reformhaus Buchmüller

REFORMHAUS
BUCHMÜLLER
Neubaugasse 17-19
1070 Wien
www.reformhaus-
buchmueller.at

vorbeischauen. Gelegen auf der geschäftigen Neubaugasse, ist es Anlaufstelle für Gesundheitsbewusste aus ganz Wien. Im Sortiment: natürliche Hautpflegeprodukte, chemiefreie Haarfärbemittel, Seifen, Düfte, ätherische Öle, Gewürze und selbstverständlich auch hausgemachte Tees, die aus erlesenen Kräutern zusammengestellt werden.

Bei Buchmüller lässt es sich übrigens auch hervorragend zu Mittag speisen. Von den drei Tagestellern ist immer zumindest einer vegan, alle anderen vegetarisch. Schmackhaft und gesund.

Reformhaus Regenbogen

REFORMHAUS
REGENBOGEN
Garnisongasse 12
1090 Wien

REGENBOGEN STUBEN
Schwarzspanier Straße 18
1090 Wien
www.regenbogenreform.at

Betritt man das Reformhaus Regenbogen, fühlt man sich in wohliger Weise an den Greißler von anno dazumal erinnert: Holzregale, bedacht arrangierte Bio-Obstkisten und liebevoll handgeschriebene Verkaufsschilder füllen den engen Raum. Erhältlich sind vor allem Lebensmittel, aber auch Kosmetik- und Pflegeprodukte mit ausschließlich natürlichen Inhaltsstoffen.

Besonders für Studierende eine willkommene Abwechslung zum üblichen Mensa-Futter bietet die nahegelegene Regenbogen Stuben: Hier bekommt man günstige Mittagsmenüs (vegetarisch/vegan oder mit Fleisch) und Suppe. Darüber hinaus lockt ein reichhaltiges Salatbuffet mit täglich über zehn Salaten.

Reformhaus Weiboltshamer

Erst seit 2011 gibt es das Reformhaus der Familie Weiboltshamer. Ganzheitliche Gesundheit wird hier groß geschrieben: Alle Waren, die hier über den Ladentisch wandern, werden sorgsam nach ökologischen und gesundheitlichen Aspekten ausgewählt.

Auch wird darauf geachtet, dass die Produkte aus heimischer Erzeugung stammen. So etwa die wohltuenden Pflegeprodukte aus Salzburger Heilmoor oder das beliebte Bio-Dinkelkeimbrot von Karl Mayer, das nur donnerstags verkauft wird. Wer ein solches Brot ergattern will, sollte telefonisch vorbestellen – denn ebenso schnell, wie sie im Geschäft auftauchen, sind sie auch schon wieder verkauft.

REFORMHAUS
WEIBOLTSHAMER
Hietzinger Hauptstraße 23
1130 Wien
www.weiboltshamer.at

Prokopp Gewußt wie

Wer sich gesund ernähren und sich in seinem Körper wohlfühlen will, der muss wissen, wie es geht. Die Drogeriekette Gewußt wie, die in Wien mit mehreren Filialen vertreten ist, verhilft Kunden mit individueller Beratung und hochwertigen Naturprodukten genau hierzu. Sämtliche Tees, Kräuterelixiere, Bio-Dinkel und Bio-Kokosmilch stammen aus heimischem oder fairem Anbau. Künstliche Inhaltsstoffe? Keine Spur.

In der Filiale Donauzentrum wird zusätzlich zu den zahlreichen Kosmetik- und Gesundheitsartikeln auch ein Bio-Vollwert-Mittagsmenü angeboten. Vegane und veganisierbare Gerichte sind eigens gekennzeichnet.

PROKOPP
GEWUSST WIE
Gersthofer Straße 57
1180 Wien

Donauzentrum,
Donaustadtstraße 1
1220 Wien

Anton-Baumgartner-Str. 44
1123 Wien
www.prokopp.co.at

Natur & Reform

NATUR & REFORM
www.natur-reform.com

Die Reformhaus-Kette Natur & Reform hat allein in Wien neun Filialen und ist auch in zahlreichen anderen österreichischen Städten vertreten. Aber auch einen Onlineshop gibt es. So kann man unkompliziert von zu Hause aus das große Angebot durchstreifen.

Hierbei stellt man rasch fest, dass vegan hier alles andere als ein Fremdwort ist: Neben zahlreichen Gesundheits- und Kosmetikprodukten bietet Natur & Reform auch eine Palette an veganen Lebensmitteln, von Getreideprodukten bis hin zu veganer Rohkost und Süßigkeiten. Ob Mandelmus, Fair-Trade Kakaobutter, Mocca-Konfekt oder vegane Bergminze-Geleewürfel – Naschkatzen werden hier definitiv fündig!

Reformhaus Staudigl
Foto: © Reformhaus Staudigl

Frische Früchte, frisch gepresst

Jetzt 2x in Wien!

RAUCH
seit 1919

Juice Bar

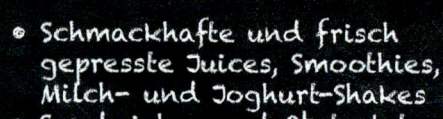

Vitaminator

- Schmackhafte und frisch gepresste Juices, Smoothies, Milch- und Joghurt-Shakes
- Sandwiches und Obstsalate
- uvm.

SUPERMÄRKTE

Wien entwickelt sich zu einer Metropole des veganen Lebensstils und trotzdem ist es für Veganer, Vegetarier und für all jene, die besonderen Wert auf eine gesunde Ernährung legen, nicht immer einfach das Geschäft ihres Vertrauens zu finden.

Wir haben uns auf die Suche nach ein paar der besten Shops für vegane Lebensmittel gemacht und natürlich wurden wir fündig.

denn's Biomarkt

DENN'S BIOMARKT
9 x in Wien
www.denns-biomarkt.at

Der Bio-Markt bietet alles, was man zum täglichen Überleben braucht: frische Bio-Lebensmittel, Natur-Kosmetika, Drogerieprodukte und sogar Bio-Textilien. Auch Menschen mit Lebensmittel-Unverträglichkeiten, Allergien und besonderen Ernährungsformen kommen hier zu ihrer ausgewogenen Mahlzeit. Alle 8.000 Produkte kommen aus kontrolliertem Bio-Anbau. Sie kosten manchmal etwas mehr, sind dafür aber sorgsam ausgewählt und deswegen eigentlich für jedermann empfehlenswert. In jeder Filiale befindet sich im Geschäft eine Brot-Station, wo die Bio-Backwaren von bekannten Bäckereien wie Joseph Brot, Schrott, Mauracher Hof und Waldherr erhältlich sind.

basic

BASIC
Schönbrunner Str. 222–228
1120 Wien
www.basic-bio-genuss-
fuer-alle.de

Bei basic ist besonders das riesige Sortiment an Bioprodukten, ebenso wie die eigene Hausmarke mit über 300 Produkten, hervorzuheben. Es gibt eine große Auswahl an Getreiden und Getreideprodukten. Das große Sortiment wird zu einem tollen Preis-Leistungs-Verhältnis angeboten und einmal im Monat bekommt man den Flyer »Bestseller« des Biomarktes gratis zum Mitnehmen.

Maran Vegan

Der erste Blick beim Betreten des veganen Biomarktes ist vielversprechend. Der Verkaufs-raum ist hell, einladend und schreit danach sich gleich einen Einkaufswagen zu schnap-pen und die »tierfreien« Produkte aufzuladen. Die riesige Produktpalette reicht von einer sehr großen Obst- und Gemüsetheke, bei der das Sortiment weit über die Saison hinaus geht, über kuhmilchfreies Eis, Marmeladen, Gewür-ze, Wein und Bier, bis hin zu Büchern, diversen Hygiene- und Kosmetikartikeln und sogar vegane Kondome, die ohne tierische Hilfsstoffe auskommen, finden dazwischen ihren Platz.

MARAN VEGAN
Stumpergasse 57
1060 Wien
www.maranvegan.at

Veganz

Mittlerweile gibt es fünf Märkte in drei verschie-denen Städten – in Berlin, Frankfurt am Main, München und Hamburg. 2014 wird nun auch in Wien eine Filiale dieses veganen Super-marktes eröffnet. In allen Veganz-Filialen gibt es ein integriertes Bistro mit veganen Snacks, Salaten, Backwaren, Smoothies, Kaffee und Kuchen und natürlich bietet das riesige Sortiment eine Auswahl an besten veganen Bioprodukten, die keine Wünsche offen lässt.

VEGANZ WIEN
Margaretenstraße 44
1040 Wien
www.veganz.at

Neben all diesen Fachgeschäften für vegane Lebensmittel, Kosmetika und allerlei Bioprodukten bieten aber auch die handelsüblichen Supermärkte wie zum Beispiel Billa, Spar, Hofer oder Merkur mit ihren veganen Eigenmarken eine gute Alternative für einen veganen Einkauf.

So kann man sich zum Beispiel bei der Produktlinie Vega Vita, welche bei Billa und Merkur erhältlich ist, auf eine überragend gute Qualität der veganen Produkte verlassen. Und auch die Eigenmarke von Spar, »Veggie«, ist eine überaus gute Alternative für all jene, die gerne auf tierische Produkte verzichten.

BÄCKEREIEN

Schleckermaul vs. Vegane Ernährung. So manch einer mag vermuten, dass diese Kombination nicht die einfachste der Welt ist. Wer auf einen veganen Lebensstil setzt, der muss auf einiges verzichten – wie zum Beispiel Butter, Milch, Honig oder auch Eier. Genau diese Zutaten sind nur allzu oft ausschlaggebend für den Geschmack guter Backwaren.

Doch nicht so bei veganen Backwaren. Hier gibt es keine der obengenannten Zutaten und trotzdem kommen alle Schleckermäuler voll auf ihre Kosten und können ihrer Vorliebe für Süßes frönen.

Waldherr

Wer in seiner Mittagspause gesunde Vollkorn-Snacks bevorzugt, kommt bei der Bäckerei Waldherr auf seine Kosten. Eine Auswahl pikanter Strudel, wie etwa der Tofu-Lauch-Strudel, Spinat-Strudel oder Gemüsestrudel werden täglich frisch gemacht. Für vegane Naschkatzen gibt es eine schmackhafte Auswahl an veganen Schokomuffins bis hin zum absoluten Highlight, dem veganen Dinkel-Himbeercroissant.

WALDHERR – DER VOLLKORN-BIO-BÄCKER
Marc-Aurel-Straße 4
1010 Wien

Naschmarkt, Höhe Theater an der Wien
1060 Wien
www.vollkornbaeckerei-waldherr.at

Gradwohl

Bei Gradwohl erhält man herrlich duftendes Vollkorngebäck, Kuchen und Kekse. Hier wird die Kraft der Körner genutzt und die Philosphie von Hildegard von Bingen spiegelt sich in den Backwaren wieder. Hier findet man zahlreiche frische Salate und Joghurts und natürlich wird täglich frisch aufgebacken, wie zum Beispiel das Ribiselstangerl oder die vegane Dinkelschnecke.

BIOVOLLWERT-BÄCKEREI GRADWOHL
8 x in Wien
www.gradwohl.info

gragger

GRAGGER HOLZ-
OFENBÄCKEREI
Spiegelgasse 23
1010 Wien

Siebensterngasse 25
1070 wien
www.gragger.at

Die Produkte von gragger stammen aus bio-Landwirtschaft mit Getreide aus der Umgebung. Viele der Backwaren sind aus Natursauerteig vom Fichtenholzfass und aus dem direkt befeuerten Holzofen frisch gebacken. Hier werden keine Backmittel und keine Zusatzstoffe verwendet. Vor allem Biovollwert-Produkte, wie das BioNussbeugerl, der BioGugelhupf oder der BioKürbiskernkasten kommen hier zum Verkauf.

Ströck

STRÖCK
www.stroeck.at

Mit 71 Filialen in Wien bietet Ströck die optimale Anlaufstelle für alle, die auf der Suche nach einem veganen Snack sind. Egal ob zum Frühstück, mittags oder als Abendsnack, hier findet man bestimmt immer etwas, das die Herzen aller Bio- und Vegan-Begeisterten höher schlagen lässt. Sehr zu empfehlen sind hier der Marokkanische Salat mit Tajine Gemüse, Hummus und Tabouleh, dazu ein Tofusnack und als Abschluss eventuell ein veganer Cranberry-Stollen.

Bernds Welt

BERNDS WELT
www.berndswelt.at

Bereits 1999 startete Bäckermeister Bernd Hartner im elterlichen Betrieb, der Bäckerei Hartner, seine vegane Produktlinie. Heute, fünfzehn Jahre später, bietet Bernds Welt ein umfassendes Sortiment veganer Köstlichkeiten an. Neben Brot und Gebäck offeriert Bernds Welt vor allem Süßes wie Walnuss- und Blaumohn-Strudel, Striezel, den Bürgermeister

Bernds Welt / Foto: © Bernds Welt

oder Gugelhupf, bis hin zu Plundergebäcken, Punsch- und Faschingskrapfen. Wie bäckt man vegan, mit Blick auf eine besonders geringe CO_2 Bilanz? Ganz einfach: Man nehme regionales Sonnenblumenöl statt Butter, Vollkorn-Hafermilch aus dem Waldviertel statt Milch und verwende Blaumohn, Nüsse und sämtliche Getreidesorten aus heimischer Produktion. Die schmackhaften Brotschätze von Bernds Welt sind in zahlreichen Wiener Spar-Filialen erhältlich und auch bei Veganz oder bei Formosa in Wien.

Natürlich findet man aber auch in Supermärkten wie Spar, Billa oder Merkur zahlreiche vegane Backwaren, die vorzüglich im Geschmack sind. So gibt es zum Beispiel bei Spar die Marke »Bernds Welt«, die ausschließlich Backwaren aus rein pflanzlichen Produkten zur Verfügung stellt.

MODE & ACCESSOIRES

Vegan zu leben bedeutet nicht nur, auf eine pflanzliche Ernährung und einen bewussten Umgang mit Lebensmitteln zu achten. Auch Mode und Accessoires sind im Idealfall vegan.

Wir verraten euch, wo man garantiert vegane und außerdem noch überaus stylishe Schuhe, T-Shirts, Jacken und auch Schmuck erhält.

GuterStoff

GUTER STOFF
Glockengasse 8A und 9
1020 Wien
www.guterstoff.com

GuterStoff bietet in erster Linie T-Shirts, deren Motive man selbst wählen kann. Besonders Kreative kommen mit eigenem Design und lassen drucken. Die einfarbigen Shirts sind garantiert fair, ökologisch und klimaneutral hergestellt.

Sogar die Lieferungen innerhalb von Wien werden per Fahrrad erledigt und im GuterStoff-Laden wird Ökostrom verwendet. Auf der Suche nach Green Shirts seid ihr bei GuterStoff also definitiv richtig.

Anukoo – Fair Fashion

ANUKOO
Gumpendorfer Straße
28
1060 Wien
www.anukoo.com

Nicht nur das Kleid muss passen, sondern auch das Umfeld, in dem es entsteht. Das ist das Motto von Anukoo, der Modemarke von EZA Fairer Handel. In erste Linie ist hier wichtig: Handel und Produktion müssen fair ablaufen, die Arbeit muss fair bezahlt werden und die Produktion so nachhaltig als nur möglich sein. Wenn die Kollektionen dann auch noch überaus schick sind, umso besser.

Anzüglich

Anzüglich garantiert faire Produktionsbedin-
gungen und bietet dem Kunden dennoch
faire Preise. Außerdem ist die verwendete
Baumwolle aus Peru zu 100% Bio. Seit 2008
werden die Kollektionen in Cusco, Peru, in
Zusammenarbeit mit einem Sozialprojekt für
gehörlose Schneiderinnen produziert. Die Frau-
en werden für ihre Arbeit angemessen bezahlt
und erfahren so soziale Gleichberechtigung
und gesellschaftliche Anerkennung.

ANZÜGLICH
Theobaldgasse 9
1060 Wien
www.anzueglich.at

Gebrüder Stitch

Bei Gebrüder Stich gibt es genau eines nicht,
nämlich Massenware. Stattdessen fertigen sie
herrlich stylische Maßjeans. Von Jeansstoff über
Waschung, Garn und Schnitt: Die Wahl liegt beim
Kunden. Bei den Rohstoffen achtet man auf
Nachhaltigkeit, Fairtrade und organische Baumwolle. Die Hosen sind bis auf das Leder-Label am
Jeansbund allesamt vegan. Verzichtet man auf
das Leder-Label, so hat man potzblitz ein Paar
100% veganer Stitch-Jeans. Ganz einfach.

GEBRÜDER STITCH
Mariahilfer Straße 101
3. Hof links im EG
1060 Wien
www.gebruederstitch.at

Grüne Erde

Grüne Erde hat sich ganz klar eines zum Ziel
gesetzt: Sie wollen Organic Fashion herstellen,
die nicht zwingend nach Bio aussieht.
Weg vom grauen Öko-Look also, hin zu
aufregenden Farben und beeindruckenden
Schnitten. Neben Design und Ästhetik stehen
die Verwendung von natürlichen Rohstoffen,

GRÜNE ERDE
Mariahilfer Straße 11
1060 Wien
www.grueneerde.com

die handwerkliche Fertigung in bester Qualität und die soziale Fairness ganz oben auf der Prioritätenliste von Grüne Erde.

Glanz & Gloria

GLANZ & GLORIA
Schottenfeldgasse 77
1070 Wien
www.glanzundgloria.at

Das Glanz & Gloria teilt sich in zwei Hälften: einmal Glanz und einmal Gloria.
Die eine Hälfte besteht aus einem Friseursalon (Thomas Pavlidis), die andere aus einem Shop, der nachhaltige Mode unters Wiener Volk bringt (Anita Steinwidder). Die Kleider entstehen durch gebrauchte Sweatshirts, die von Hand mit Fäden durchzogen werden, die »woven trousers with strings« entsteht durch in Streifen gerissene T-Shirts, die dann in Webtechnik zur Hose arrangiert werden. Viel Handarbeit, viel Liebe!

Buntwäsche

BUNTWÄSCHE
Kaiserstraße 52
1070 Wien
www.buntwaesche.at

Der liebenswerte Kleidershop in der Kaiserstraße ist in vielerlei Hinsicht etwas Besonderes. Man kann hier nicht nur bunt einkaufen, sondern auch nachhaltig und fair. Seit 10 Jahren widmet sich Melanie Lediger mit Leidenschaft der Kreation von bunter Kinderbekleidung aus nachhaltigen Materialien. Ob putzig-kuschlige Overalls für die Kleinsten, originelle Shirts mit Eulenprint oder winterlich-warme Pullis aus Merino-Schafwolle, alles ist bunt – kürbisgelb, grasgrün, dunkelrot, donaublau. Ein weiteres Plus: Wer seine alte Buntwäsche-Teile zurückbringt, bekommt Rabatt auf Neues und trägt zugleich dazu bei, dass der Stoff gekonnt recycled wird.

Maronski

Das urbane Wiener Damenmode-Label Maronski setzt auf kleine, nachhaltig produzierte Kollektionen. Für Designerin Martina Meixner sind Jersey und Baumwolle die Materialien erster Wahl. Viele Kleidungsstücke sind zudem durchaus wandelbar und vielseitig: So findet man im Maronski-Sortiment etwa Kleider, die auch als Röcke getragen werden können oder eine überaus originelle Wickel-Wende-Jacke.

MARONSKI
Neubaugasse 7
1070 Wien
www.maronski.at

Terra Tropicalis

Terra Tropicalis bringt Lateinamerika nach Wien, und das unter Berücksichtigung der Materialien und Arbeitsbedingungen. Vieles ist recycled, vieles aus Sozialprojekten entstanden, alles aber leistbar und außergewöhnlich. Ob Taschen aus Dosenverschlüssen, die brasilianische Frauen gegen faire Entlohnung gehäkelt haben, oder Kleidungsstücke aus Bio-Baumwolle, die weicher gar nicht mehr sein könnten: Dieser Shop bietet ungewöhnliche Kleidung, durchdachte Accessoires und kulinarische Geschenke.

TERRA TROPICALIS
Neubaugasse 80
1070 Wien
www.terratropicalis.com

Weltladen

Den Weltladen gibt es sechs Mal in Wien. Besonderes Augenmerk wird hier auf »Fairänderung« gelegt, also darum, Produzenten im globalen Süden auf Augenhöhe zu begegnen. Mit köstlichen Leckereien und anziehbarer Fairness zelebriert man hier Nachhaltigkeit. Neben Schmuck, Interieur und Lebensmitteln

WELTLADEN
Mariahilfer Straße 8
1070 Wien

Lichtensteg 1
1010 Wien
www.weltlaeden.at

gibt es in den Weltläden auch Mode von vielen der oben genannten Labels zu kaufen. Auf der Weltladen-Website kann man außerdem Diverses zum Thema fairer Handel nachlesen.

Muso Koroni

MUSO KORONI
Josefstädter Straße 33
1080 Wien
www.muso-koroni.com

Das österreichische Label Muso Koroni hat sich die gleichnamige westafrikanische Göttin zum Vorbild genommen, die als Mutter aller Lebewesen bekannt ist. Überzeugt davon, dass weder Tier noch Mensch für Mode und Kosmetik ausgebeutet werden soll, werden im Shop nur Produkte angeboten, die in Harmonie von Mensch, Tier und Umwelt hergestellt wurden.

Green Ground

GREEN GROUND
Servitengasse 11
1090 Wien
www.greenground.at

In dieser Fair-Fashion Boutique finden sich ausschließlich Marken, die sich der umweltbewussten Produktion und dem fairen Handel verschrieben haben. Materialien wie Bio-Baumwolle, Bio-Leinen, Hanf, aber auch Wolle und moderne Recycling-Materialien bestimmen das Sortiment bei Green Ground.

Shakkei

SHAKKEI
Spittelauer Lände 9/1
1090 Wien
www.shakkei.at

Gabriel Baradee design für sein japanisch inspiriertes Fashion-Label Shakkei nachhaltige, grüne Mode. Für alle Kollektionen werden ausschließlich zertifizierte Stoffe und Materialen aus umweltfreundlicher, fairer Herstellung verwendet. Produziert wird die Kleidung ausschließlich in Österreich und Deutschland.

NATURHAARPFLEGE - PFLANZENFARBEN
SÄURE-BASEN BALANCE - TENSIDFREIE HAARWÄSC

Wir verwenden ausschließlich unsere hauseigenen **HERBANIMA Naturprodukt**
Diese sind:

+ **reine Naturprodukte**
+ **100% tierversuchsfrei**
+ **silikon- und parabenfrei**
+ **ohne synthetische Hilfsstoffe**

HERBANIMA Pflanzenfarben werden aus 100% natürlichen Rohstoffen hergestellt und sind **„p-Phenylendiamin (PPD)"**- fre

Mehr Informationen sowi
alle unsere Salonadresser
in Wien, Klosterneuburg
der Schweiz finden Sie u

www.haarmonie.a

Natürlich
schön...

WELLNESS, BEAUTY & KOSMETIK

Wer sich für eine bewusste und gesunde Ernährung entscheidet, richtet nach einiger Zeit zumeist sein ganzes Leben auf nachhaltige und biologisch wertvolle Produkte aus. Dazu gehören Putzmittel, Kleidung und ebenso Kosmetika.

Um die richtige Wahl zu treffen und auch wirklich biologisch wertvolle Produkte zu erhalten, hier eine kleine Auflistung an Shops und Produkten, welchen in ihrer Nachhaltigkeit vertraut werden kann.

Lush

LUSH
Rotenturmstraße 8
1010 Wien

Mariahilfer Straße 49
1060 Wien

Donauzentrum
Wagramer Straße 94
1220 Wien
www.lush.at

Der farbenfrohe Laden verkauft handgemachte Seifen, Badekugeln und alles, was uns sonst noch schön und duftend macht. Das Schöne an Lush ist, dass nur beste Qualität verkauft wird. Lush Kosmetik ist frisch und handgemacht aus frischem Obst, Gemüse und ätherischen Ölen. Es ist frei von Tierversuchen, 100% vegetarisch, 83% vegan und die Seifenbasis ist 100% palmölfrei. Dazu ist ca. 38% unverpackt und der Rest in Recycling-Verpackung eingepackt und das gesamte Sortiment ist zu etwa 60% ohne Konservierungsmittel.

Fauna & Flora

FAUNA & FLORA
Radetzkystraße 21
1030 Wien
www.fauna-kosmetik.at

Die Fauna & Flora ist ein kleines Geschäft, das dem Verein Internationaler Bund der Tierversuchsgegner (www.tierversuchsgegner.at) angeschlossen ist. Hier sind alle Produkte für den täglichen Gebrauch erhältlich, wie zum Beispiel Körperpflegeprodukte (Seifen, Sham-

Lush

poos, Rasiercremen, Duschgel, Zahnpasta,
Massageöle etc.), Parfums, Räucherstäbchen,
Ätherische Öle, Wasch- und Reinigungsmittel
und Make-up. Weiters gibt es auch vegane
Snacks, Teesorten, parafinfreie Duftkerzen und
auch vegetarische Schuhe sind hier erhältlich.

stattGarten

Dieser Beautystore für Naturkosmetik liefert Produkte auf höchstem Niveau. Natürliche Stoffe,
Nachhaltigkeit und neue Trends für Lifestyle
und Kosmetik ergeben den speziellen Mix des
reichen Angebotes. Exklusive Beautykonzepte
verbunden mit bestens bekannten Naturkos-
metiknamen aus den Metropolen London, Paris
und New York. Hier wird auf Qualität geachtet

STATTGARTEN
Kettenbrückengasse 14
1040 Wien
www.stattgarten.at

und auf die Bedürfnisse von Körper, Geist und Seele eingegangen. Sowohl Schönheitspflege als auch Accessoires wie Handtücher und Badeutensilien aus kontrolliert biologischem Anbau sind aus rein organischen Inhaltsstoffen ohne synthetische Komponenten. stattgarten ist ein Ort, an dem Stadtbewohnende die Natur mitnehmen können – für jene, die sich nach der sinnlichen Erfahrung des Natürlichen sehnen. Auf der Reise weg vom Großstadttrubel sorgen Kosmetikbehandlungen zusätzlich für das nötige Wohlbefinden und Körperbewusstsein.

Pure Vegi

PURE VEGI
Burggasse 128
1070 Wien
www.pure-vegi.com

Bei Pure Vegi sorgt man sich um das Wohl der Tiere und deshalb gibt es hier ausschließlich vegetarische und vegane Kosmetika. Die Wirkung der Produkte sieht und spürt man schon nach kurzer Zeit und auch den Unterschied zu Industrie-Kosmetik. Bei Pure Vegi erhält man alles, was Gesicht, Haut und Körper benötigen und das auf ökologischer und nachhaltiger Basis. Ein wahrer Dufttraum, der sich von der Kamillen-Gesichtsreinigung über die Lavendel-Bananengesichtsmaske bis hin zur Handcreme mit Mangobutter und Aloe Vera verbreitet.

Bio-Kosmetika

Eine Wohlfühloase im Herzen Wiens. Ein Naturkosmetikstudio, das ethische und biologische Produkte zum Wohlfühlen bietet. Hier wird man nicht aus der Ruhe gebracht. Der Shop führt

Produkte führender Naturkosmetik-Hersteller, frei von jeglichen Schadstoffen. So wird gesund in die Welt der Aromatherapie eingetaucht. Unter geprüftem Qualitätsstandard werden hier auch vegane Produkte in einem Wiener Genussviertel geboten. Der Spittelberg lockt das gesamte Jahr über mit seiner urbanen Atmosphäre. Perfekt, um sich hin und wieder eine kurze Auszeit zu gönnen und inmitten der Großstadt Reserven in der Natur zu tanken.

BIO-KOSMETIKA
& STUDIO
Stiftgasse 19/1
1070 Wien
www.bio-kosmetika.com

Haarmonie

Genau so, wie Harmonie für inneres Wohlbefinden steht, kann Haarmonie als Synonym für wohltuende Haarpflege gelten. Der Naturfriseur ist in Wien mit mehreren Standorten vertreten (4., 7. und 8. Bezirk) und verwendet in seinen Salons ausschließlich natürliche Produkte. Von Haarwaschmitteln über Farbe bis hin zu Pflegeölen ist hier alles auf Basis pflanzlicher und mineralischer Stoffe hergestellt und somit auch für empfindliche Kopfhaut gut verträglich. Kompetente Betreuung und fachgerechte Beratung runden den positiven Eindruck ab.

HAARMONIE
NATURFRISEUR
4x in Wien
www.haarmonie.at

Neben all diesen Fachgeschäften für nachhaltige, ökologische, vegetarische oder vegane Kosmetikprodukte findet man natürlich aber auch im Einzelhandel wie bei Müller, dm oder auch in den verschiedensten Reformhäusern diverse Produkte, welche sich hervorragend mit einem gesunden Lebensstil vereinbaren lassen. Zum Beispiel LaVera oder Druide bei dm bieten eine tolle biologische kosmetische Unterstützung einer veganen Lebensweise.

ONLINE SHOPS

Frisch bestellt ist halb gewonnen. Wer sich für eine vegane Lebensweise entscheidet, legt Wert auf Frische, Saisonalität, Nachhaltigkeit und natürlich auf Produkte ohne tierische Inhaltsstoffe. Gute Produkte bekommt man aber nicht immer nur direkt in den Bioläden, sondern auch in den verschiedensten veganen Online Shops.

Veganversand Lebensweise

Diesen österreichischen Online Versandhandel für vegane Produkte gibt es mittlerweile seit gut 10 Jahren und das nicht ohne Grund, denn hier wird auf Nachhaltigkeit und Umweltschonung wertgelegt. Über tausend rein pflanzliche Qualitätsprodukte stehen zur Auswahl. Angefangen bei Lebensmitteln über Bekleidung bis hin zu Haushalt und Kosmetik kann man sich auf veganversand-lebensweise.at alles ganz einfach und schnell nach Hause bestellen.
www.veganversand-lebensweise.at

Vegan Candy

Dieser Online Versand bietet ganz besondere Köstlichkeiten. Auf vegancandy.de erhält man alles, was ein veganes Schlemmerherz sich wünschen kann! Egal ob Schokolade, Fruchtgummis, Kekse oder Karamellgebäck, hier kann man die Süße des Lebens vegan genießen.
www.vegancandy.de

Vegefarm

Eine gute, witzige, schmackhafte und abwechslungsreiche Alternative bietet vegefarm.de mit seinen vegetarischen & veganen Produkten, die ausschließlich aus pflanzlichen Produkten hergestellt werden. Diese Seite strotzt nur so vor gesunden und nachhaltigen Produkten und man kann sich auf eine sehr hohe Qualität der Produkte verlassen.
www.vegefarm.de

Vegafit

Nachhaltig, vielseitig und unglaublich lecker. Vegafit.de bietet wirklich die köstlichsten veganen Produkte zu bester Qualität. Egal ob Visch, Vleisch oder Vurst – hier findet sich für jeden die passende Leckerei.
www.vegafit.de

Veganic

Gesund und fair genießen mit veganic.de. Mit mehr als 1.500 Produkten, welche zu 100% frei von tierischen Inhaltsstoffen sind, bietet dieser vegane Versandhandel alles, was das Herz begehrt. Feinkost, Knabbereien, Kekse, Weine und Käsealternativen befinden sich ebenso im Sortiment wie Kosmetik, Süßigkeiten und Kochbücher.
www.veganic.de

Fairtrade

Altbewährt und wirklich gut. FAIRTRADE Produkte und deren Online-Versand sind vermutlich für niemanden etwas Neues. Das FAIRTRADE-Gütesiegel ist das weltweit bekannteste Sozialsiegel für fairen Handel und in Österreich tragen bereits mehr als 800 Produkte dieses Gütesiegel. Auf fairtrade.at finden sich für Veganer, Vegetarier und für alle Ernährungsbewussten zahlreiche Produkte die auf ihre Nachhaltigkeit geprüft wurden.
www.fairtrade.at

Veganversand.at

Auf veganversand.at bestellt der besonders bequeme Veganer, was er zum Leben braucht. Von alltäglichen Nahrungsmitteln über Naschereien, Kosmetika und Accessoires bis hin zu veganer Tiernahrung erhält man hier so gut wie alles. Die Pakete werden CO_2-neutral mit der Post zugestellt. Ab einem Bestellwert von 79 Euro entfällt die Versandgebühr.
www.veganversand.at

BioVeganVersand / Foto: © BioVeganVersand

BioVeganVersand

Wohnsitz in Wien und trotzdem recht weit bis zum nächsten veganen Markt? Tagelanger Regen und es fehlt die entscheidende Zutat für den veganen Kochgenuss? Kein Problem. Für alle, die gerne bequem von zu Hause aus und trotzdem nachhaltig einkaufen, gibt es mit dem BioVeganVersand eine perfekte Anlaufstelle.

Im Onlineshop erhältlich ist eine breite Palette an pflanzlichen Produkten aus biologischem Anbau. Über 700 Produkte für den alltäglichen Gebrauch oder ausgefallene Schmankerl wie Kokosblütenzucker, Mandelmus und Spacebar-Hanfriegel sowie ein buntes Sortiment für Rohköstler runden das Angebot ab. Wer bis 10:00 Uhr bestellt, erhält seine Lieferung mit Post Premium-Versand in der Regel schon am nächsten Werktag!

www.bioveganversand.at

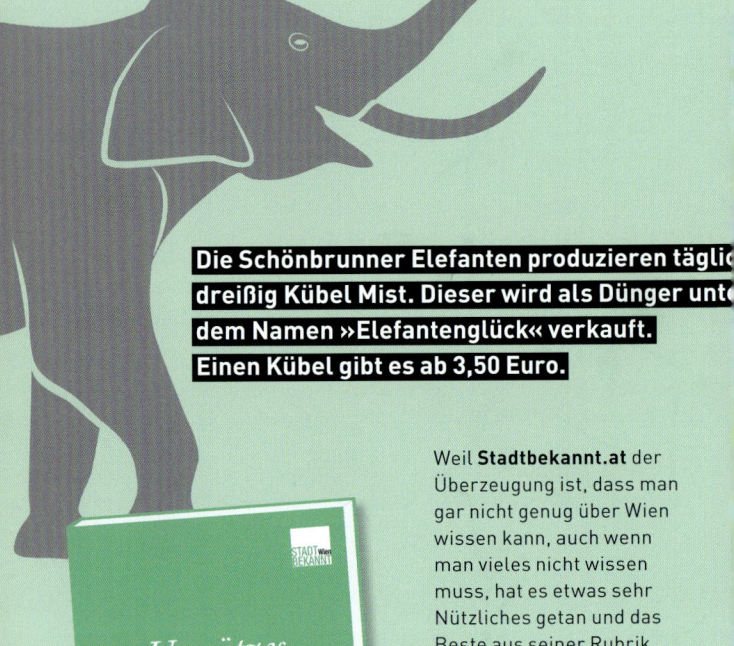

**Die Schönbrunner Elefanten produzieren täglic
dreißig Kübel Mist. Dieser wird als Dünger unte
dem Namen »Elefantenglück« verkauft.
Einen Kübel gibt es ab 3,50 Euro.**

Weil **Stadtbekannt.at** der
Überzeugung ist, dass man
gar nicht genug über Wien
wissen kann, auch wenn
man vieles nicht wissen
muss, hat es etwas sehr
Nützliches getan und das
Beste aus seiner Rubrik
»Unnützes WienWissen« in
Buchform herausgebracht.

Stadtbekannt.at
Unnützes WienWissen

128 Seiten • ISBN 978-3-9503508-5-2 • €